LEAVING ACADEMIA

A Practical Guide

# 離開學術界

善用學術功底、補足跨界就業力、調整溝通方式，Step by Step……
從為學而活到學會生活，無痛開啟多元職場

Christopher L. Caterine

克里斯多福・凱特林——著
謝蘋——譯

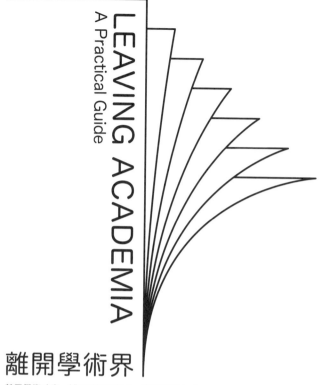

臉譜書房 FS0177

# 離開學術界

善用學術功底、補足跨界就業力、調整溝通方式，Step by Step從為學而活到會生活，無痛開啟多元職場

Leaving Academia: A Practical Guide

作　　者　克里斯多福・凱特林（Christopher L. Caterine）
譯　　者　謝蘋
責任編輯　許舒涵
行　　銷　陳彩玉、林詩玟
業　　務　李再星、李振東、林佩瑜
封面設計　井十二設計研究室

副總編輯　陳雨柔
編輯總監　劉麗真
事業群總經理　謝至平
發 行 人　何飛鵬
出　　版　臉譜出版
台北市南港區昆陽街16號4樓
電話：886-2-2500-0888 傳真：886-2-2500-1951
發　　行　英屬蓋曼群島商家庭傳媒股份有限公司城邦分公司
台北市南港區昆陽街16號8樓
客服專線：02-25007718；02-25007719
24小時傳真專線：02-25001990；02-25001991
服務時間：週一至週五上午09:30-12:00；下午13:30-17:00
劃撥帳號：19863813 戶名：書虫股份有限公司
讀者服務信箱：service@readingclub.com.tw
城邦網址：http://www.cite.com.tw
香港發行所　城邦（香港）出版集團有限公司
香港九龍土瓜灣土瓜灣道86號順聯工業大廈6樓A室
電話：852-25086231　傳真：852-25789337
電子信箱：hkcite@biznetvigator.com
新馬發行所　城邦（馬新）出版集團
Cite（M）Sdn. Bhd.（458372U）
41, Jalan Radin Anum, Bandar Baru Seri Petaling,
57000 Kuala Lumpur, Malaysia.
電話：+6(03)-90563833　傳真：+6(03)-90576622
電子信箱：services@cite.my

一版一刷　2024年4月

城邦讀書花園
www.cite.com.tw

ISBN　978-626-315-469-8（紙本書）
EISBN　978-626-315-463-6（EPUB）



定價：NT$380
（本書如有缺頁、破損、倒裝，請寄回更換）

圖書館出版品預行編目資料

離開學術界：善用學術功底、補足跨界就業力、調整溝通方式，Step by Step從為學而活到會生活，無痛開啟多元職場／克里斯多福・凱特林(Christopher L. Caterine)著；謝蘋譯. -- 一版. -- 臺北市：臉譜出版，城邦文化事業股份有限公司出版：英屬蓋曼群島商家庭傳媒股份有限公司城邦分公司發行, 2024.04
　面；　公分. --（臉譜書房；FS0177）
譯自：Leaving Academia: A Practical Guide
ISBN 978-626-315-469-8（平裝）
1. CST：就業 2.CST：職業分析 3.CST：職業介紹 4.CST：生涯規劃
542.77　　113000424

給瑪若莉（Mallory）

讓我們繼續為了對的理念精疲力竭

目次

**前言** 8

**第一章 恐懼期**

事件視界 12
本書背景 14
目標讀者 17
職業陷阱 21
使用指南 25
延伸閱讀及其他資源 26
讀者須知 31
隧道盡頭的光 34
寬廣的工作世界 37
結論 40
行動項目 41

**第二章 辨別期**

承認問題 45
重新掌控你的生活選項 49
轉職以外的辨別 64
實際練習辨別 67

從「為學而活」到「學會生活」⋯⋯69
結論⋯⋯75
行動項目⋯⋯76

## 第三章 探索期

打開眼界⋯⋯83
看見更廣闊的工作世界⋯⋯85
資訊訪談初心指南⋯⋯89
檢查其他資源⋯⋯100
探索期的自我覺察⋯⋯104
拓展人脈的第一堂課⋯⋯106
解釋你的轉職原因⋯⋯109
堅持下去⋯⋯115
與學術圈外人交談⋯⋯117
將探索期的收穫學以致用⋯⋯120
結論⋯⋯126
行動項目⋯⋯126

## 第四章 解碼期

讓學位為你加分⋯⋯129

「條件超標」陷阱……130
如何寫履歷……136
轉化你的學術經驗……149
教學……150
行政職……163
研究……173
履歷範本……184
結論……189
行動項目……189


## 第五章　發展期

面對你的履歷缺口……192
獲取技能，累積經驗……194
為新活動騰出時間……204
擬定策略……207
培養公開形象……210
尋找職缺……215
和對的機會搭上線……219
為終點線預先規畫……222
結論……230
行動項目……231

## 第六章　應用期


為變化做準備 235
犯錯：一個案例研究 237
克服文化衝擊 238
建立新關係 246
在公司（或政府單位，或非營利組織）中力求表現 248
隨工作成長 250
談論你的過去 252
維護舊關係 255
豐盛收穫 257
展望 259
最後的請求 260
行動項目 261

致謝 262
注釋 267

# 前言

離開學術界很難。不僅因為你得面對放棄志業的心理障礙。你也得面對債務、低薪和缺乏福利保障——對大多數的學者而言，這些問題會在他們職涯的頭十年（或者更久）不斷糾纏著他們。這使轉職——以及建立起轉職所需技能——的風險大得幾乎無從承擔。許多學者因此選擇駐足原地，而非尋求能帶來更多滿足感、穩定感或儲蓄的新工作。

讓我坦白自己的狀況。當我判斷學術圈內勢必面臨的挑戰比圈外的更可怕時，我比大多數人都幸運。我生長在富裕的家庭，就讀的學校專為現代的專業世界而設立，而且透過觀察身邊活躍於專業領域的大人，我習得了在其中待人處事的方式。

這代表我從小就知道學術圈之外的現代專業工作是什麼模樣。更有甚者，我認識很多人——朋友、父母、導師——可以求助。我從未懷疑他們是否可以或願不願意對我伸出援手。這對我極為有利。更有利的是，一旦在企業中求職成功，我不用擔心自己能否融入。

然而，就算是我，也覺得離開學術界很難。我花了超過兩年時光，與超過一百五十人會面後才求職成功。絕大多數時候我都在黑暗中摸索。雖然我能讀的都讀了，還是常覺得別人的建議很難應用在現實情況裡，或是看不出它們對於轉職的整體策略有何助益。

寫這本書，是為了讓那些並未直接擁有我所享受的特權的人，也能從那些經歷中獲益。最重要的是我擁有時間。在我決定探索其他選項的當下，我擁有一份「不錯」的客座助理教授工作，每學期只需要負擔三門課的教學，合約還剩兩年，而且我有一位在我失業時至少能支持我一段時間的妻子。這些安全網讓我得以深入探索，犯各種錯誤。安全網也讓我反思自身經驗。一個按時間次序記錄下探索過程的部落格讓我發現自己有成為作家的潛力。那項計畫不僅促成了本書的面世，也帶來了我自二〇一七年以來任職的專業工作。

# 第一章　恐懼期

一切都始於自信。至少對我來說那是自信，但別人可能會稱之為自大。深信自己一定會成功。容我提醒，是「成功」，不是「很幸運」。我曾深信學術是個以能力為基準的體系，而自己能憑藉智慧、努力或耐力克服一切困難，成為一名教授。

自信曾經大有用處。至少對我大有用處。自信一大早喚醒我，讓我準備考試。它使我站在教室最前方，興奮又熱情地面對滿屋子的學生。它燃起我的欲望，讓我頭也不回離開研究所，追尋職涯新階段。它鼓動我提筆寫作，為了投稿期刊而修改論文，雖然未來總是捉摸不定。

自信令人窒息。其實對大多數人來說都是如此。在「市場」上奮力了三年，我終於認清學術**並非**以能力為基準，我的努力**不會**開花結果，我也**不能**以教授為職。盲目的自信值得探討。每個人都看得出數據對我不利，但我拒絕相信他們。所以，在三十歲時，我發現自己落入這種處境。

自信已然消失。我感覺受困、動彈不得，不知該何去何從。變化來得又急又猛。羞愧、焦慮、害怕一齊把我往下扯，其力道之強，就和當初自信把我高高舉起時一樣。離開學術界使我被一種強烈的新情緒淹沒：純粹的、無窮無盡的恐懼。

## 事件視界①

研究所教育已經出了問題。[1]大部分博士課程的目標是培育學生走上終身職教授的軌道，但在今日美國，只有百分之七的研究生最後能走上這條令人垂涎的道路。[2]大環境如此，可說已不存在「學術界的過渡性職業」②；**學術**就是那條替代道路。

諷刺的是，研究生、新科博士和提供學術職涯諮詢的人對這件事的反應是加倍固守立場：他們將任何沒有全心奉獻學術的行為都看作失敗的前兆。[3]其他嘗試扭轉局面的舉措能否成功，還有待觀察。4

學術圈內人若考慮到高等教育以外的世界闖蕩，感覺就和凝視黑洞差不多。你知道它存在，但那層神祕的事件視界把真實運作情形給蒙蔽了，你無法看穿。事實上，它的引力讓邊界成為不歸路：所有跨過事件視界的事物都不可能再跨回來；就算可以，回來時你也早已面目全非。這些特性讓離開學術界一事變得很「驚人」：巨大、恐怖的那種。因此很多人努力遠離事件視野——寧願待在舒適圈裡，也不要冒著風險和不確定性，落入其他職涯的引力裡。

我一直是到自己安然無恙跨越了那條隱喻的邊界後，才提筆寫下這本書。事實上，這個過程的確讓我「面目全非」：現在的我遠比以前在學術界的我快樂多了。

① 譯注：指不可能從該區域逃離的邊界。天文學中，它指的是黑洞周圍的邊界。在文學比喻中，常用來描述一個決定性時刻——超過這個時刻後，情況將無法再逆轉。

② 譯注：原文 alt-ac 是 alternative academic（替代學術）的縮寫，意指在學術界之外的職業選項。這些職業可能包括在政府、非營利組織、產業界、出版業、教育科技或其他與學術訓練相關，但不是傳統學術職位的工作。

即使如此，在過程中我也逃不過那種苦難。我花了兩年多才拓展出自己有信心從事的職業方向、發展新技能、學習向來自其他背景的人展現我的優勢——最後找到一份工作。自我懷疑一路折磨著我。我不僅惶恐自己做了錯誤決定，也害怕自己根本只會做研究和教學。幸運的是，隨著我對學術以外的世界理解愈深，這些憂慮就愈是轉淡。這份探索還有一個附加好處：多年來，我第一次覺得眼前為我敞開的大門比關上的多。

## 本書背景

我將自己在轉換職涯一路上學到的教訓，以及在離開學術界時從約一百五十人那兒獲得的建議，淬煉成這本書。這一百五十人來自各行各業，包括商務人士、非營利組織董事、大學主管、公務人員，以及其他各種專業人士。

以他們分享的智慧為基礎，我還增補了與十二位前學術人士進行的正式訪談。這些人來自不同學術領域，所受的訓練各異，最後步入不同的職涯之路。一開始，

| 名字 | 現職，雇主* | 學術領域 | 學歷（年） |
|---|---|---|---|
| 蘿拉・安斯列 | 管理編輯，美國歷史學會 | 歷史學，威廉與瑪麗學院 | 碩士（2012）、準博士 |
| 范霓亞・高 | 亞太地區業務經理與客服主管，Inscopix | 神經科學，布朗大學 | 博士（2013） |
| 蘇珊娜・柯恩 | 首席用戶體驗研究員，愛思唯爾 | 人類學，密西根大學 | 博士（2010） |
| 大維・恩格爾 | 總經理，富國顧問公司 | 哲學，加州大學柏克萊分校 | 博士（1997） |
| 克里斯蒂・洛奇 | 研究所職涯顧問，俄勒岡大學隆德奎斯特商學院 | 中世紀研究，俄勒岡大學 | 博士（2010） |
| 奎伊斯・帕帕朵普勒斯 | 資料科學家，信用業力 | 物理學，馬里蘭大學 | 博士（2009） |
| 伊莉莎白・瑟格蘭 | 資深撰稿人，《快公司》雜誌社；著有《火箭歲月：二十幾歲決定一生》 | 東南亞研究，加州大學柏克萊分校 | 博士（2011） |
| 派翠夏・索樂 | 資訊技術專家，美國住房和都市發展部 | 拉丁美洲研究，喬治城大學 | 博士（二〇一四） |
| 大衛・史蒂文斯 | 世界政策研究所Broaden共同創辦人與代理執行長 | 政治學，普林斯頓大學 | 碩士（2006）、準博士 |
| 雀拉・懷特洛奇 | 資深培訓與發展經理，Indeed, Inc. | 人力資源領導，路易斯安那州立大學 | 博士（2015） |
| 麥可・齊姆 | 行銷經理，Kris-Tech Wire | 古典學（歷史專業），耶魯大學 | 博士（2016） |
| 匿名 | 三大科技公司之一 | 人類學，長春藤聯盟大學 | 博士（2016） |

*資訊記錄時間為二〇二〇年二月

我蒐集他們的故事是為了驗證自己的經驗，但卻一次次發現他們的故事與我的驚人地類似。無論我們的訓練和最終職涯是什麼，在教授之路以外獲得成功的學者都變得善於結交新朋友、承擔風險，以及從每個經驗中學習——不論那經驗是好是壞。

開始轉換跑道時，我從來沒想過上面那些特質會用來形容自己。身為學者，我最主要的學術目標是在某位羅馬詩人的研究領域裡成為佼佼者。我頗內向——而且以此為傲。我的興趣不多，而且你會在第三章裡讀到，我以為這能讓我成為更有公信力的學者。

改變需要時間。和陌生人聯繫、向他們求助、接受他們給予的挑戰都非我天性。但在我最渴望眼前有路可走時，這些行為卻讓我得以前進。所以我盡力忍耐不適感，逼自己做這些事。

一次次的練習將這些努力鍛造成了習慣。我逐漸理解，即使看似愚蠢的機會也可能是學習契機，每個新體驗都領著我往未來某個職涯更靠近一步。隨著新體驗點滴積累，學術圈外的世界也變得愈來愈不可怕，因為它已經不再陌生了。

每個正在閱讀此書的讀者，都至少已擁有一項成功轉換跑道所需的必備特質。學術訓練使你既好奇又善於批判，讓你在工作時不僅能判斷對錯，還會反射性思考其箇中原因。這種反思的衝動定義了我們這樣背景的人，而且貫穿了我過去五年來聽到的每一個職涯轉換經歷。最重要的是，這項關鍵特質使你有能力獲得其他特質，從而在學院外謀得嶄新的一席之地。

## 目標讀者

這本《離開學術界》是為研究生、新科博士和對高等教育前景感到不滿的教授而寫。[5] 在你朝著象牙塔之外的世界遠颺時，我希望這本書能讓旅途輕鬆一點。

我很清楚離開學術圈有多難，因為我曾與你處境相當：我曾是專攻羅馬史與拉丁語文學的客座助理教授，對非學術工作幾乎一無所知。看見外頭的世界有多廣大，我簡直嚇壞——踏進那個世界的人我一個也不認識，這也讓人膽怯。

來到你現在身處的位置，通常有三個原因：學術障礙、與工作無關的個人因素、職涯心境有所變化。

學術障礙是指工作上的挫折讓你不得不找新工作。大部分讀者對此知之甚詳：就業市場黯淡、課程縮編、終身職申請失敗等，族繁不及備載。這些事件與你的專業領域和身分認同緊密相關，所以若你離開學術圈是因為這些事件，可能感覺像是自己專業能力受到質疑。

讓我消除你的錯誤信念。在今日的美國，進入人文藝術領域的博士生裡，只有百分之一．二最後在頂尖機構獲得終身職。[6]就算去掉「頂尖機構」這個條件，情況也沒差多少。不論領域為何，獲得終身職的人只占所有博士生就讀人口的百分之二至七。換句話說，**超過九成的學術人士無法達到我們當初進入高等教育時希冀的職涯**。我從沒想過要在統計數字中獲得安慰，但這些數字讓我停下腳步思考。[7]在這樣的市場裡，人們並非基於能力而成功或失敗；他們只是未蒙運氣眷顧。

有些人決定不論如何都要賭一把。對這群人來說，前景十分慘澹。根據美國大學教授協會（American Association of University Professors，簡寫為 AAUP）近期研究，百分之七十三的大學教授屬於兼職——意即他們是每次合約只有一學期的臨時工，工作保障有限，健康保險等相關福利並不穩固。這群人裡有四分之一申請了公共救濟計畫。符合申請條件的人比實際申請人數更多。[8]想要避免或逃離如此缺乏物質保障的工作一點也不可恥。在這種情況下，離開學術圈甚至令人鬆一口氣。

如果阻礙你學術生涯的是同事的行為，那我前面提供的參考數字聽起來大概很空洞。因性別歧視、種族歧視、殘疾歧視等歧視而引起的騷擾與不當行為，會迫使能人志士離開他們的領域，並讓代表名額不足的族群無法獲得應有的立足點。這些都很不公平，而我只能想像遭受偏見的痛苦會讓許多人為了改變而奮鬥。我衷心祝福這些人好運。至於那些打算放棄的人，我誠心希望這本書能助你盡速找到更能支應生活的職業。

有些人離開學術圈是出於與工作無關的個人因素，例如疾病、懷孕或家庭緊急狀況。這種處境可能會造成可觀的高壓：環境已經令人喘不過氣，離開你所熱愛的領域又使事情雪上加霜。即使如此，你也很難將這種情況下的職涯轉換解釋為個人職涯失敗（或至少這樣做很不近人情）。生活劇變可能發生在任何人身上。

這類人至少擁有一項安慰：很容易和別人解釋為何你在找新工作。雇主也是人，他們通常能同理你遭遇挑戰因而需要轉行，而不是質疑你為何離開某個理應是熱情所在的工作。

使你拋棄高等教育體制的最後一項原因是職涯心境的轉變——你意識到自己不想繼續待在這個領域工作了。雖然學界人士不會公開討論，但這種經驗非常尋常。你可能對自己的研究失去興趣了，對「不發表就等死」的激烈競爭感到厭倦，或期待學術圈以外的嶄新經驗。如果你的學術職涯進入高原期，或開始覺得教授是個糟糕的職業，那麼，是時候探索另一條路了。

當然，這些因素並不互斥。你們可能覺得有眾多因素形塑了自己的抉擇。如果你跟我很像，那你可能會在幾年後才明白，最後一項因素的影響力比你現在願意承認的要大得多。

## 職業陷阱

不論為何而踏上找新工作的旅途，你都是走上了一條充滿挑戰的路。過程中，你的自我認同會在三方面經歷重大變化：

1. 你如何看待自己
2. 別人如何看待你
3. 你與周遭世界如何互動

許多學者——我敢說是大部分學者——很難接受這些方面的變化。身為學術圈的一分子，我們傾向認為高等教育界的工作不僅是為了糊口而已：我們認定這是一項志業。因此，在考慮轉換跑道時，心中的惶惑時常遠不止於「換了工作會怎樣」而已。這種感覺很真實：我們擔心若自己不再是學者，會不知道**自己是誰**。

若這種焦慮和上一節討論的現實撞在一起，可能會引發情緒的負面循環。我對殘酷的就業市場發火，怪罪顧問沒把我打造成更有魅力的候選人，然後憎惡那些在求職路上打敗我的ABD[3]們。最重要的是，我恨自己不夠努力，或沒有選對題目，所以不能成為一位終身教授。

這些感受顯然方向錯誤，但對於自己的沉溺，我一點也不怪自己。如果你向來對學術使命深信不疑，那麼在接受轉職現實的同時當然會感到掙扎。情況和分手類似。出於愛和關心，你對一門學科投入了多年精力。明白自己的愛終將只是一廂情願，就算是在最樂觀的情況裡，也讓人很痛苦。這件事的挑戰在於，如果你深陷情緒漩渦，那麼對未知的恐懼將使你踟躕不前。

我想給你兩個理由抗拒那種衝動。首先，**不換工作**的風險既真實且重大。前面提及，現在大約百分之七十三的教職是臨時性的，而美國有四分之一的兼職教師接受公共補助。即使帳面上看起來驚人，它還是未能充分說明派遣工作的生活負擔有多沉重。它的負荷使有些人工作至死。是真的工作到沒命。[9]

在二〇一九年四月的《大西洋》（*The Atlantic*）上，亞當・哈利斯（Adam Harris）述說了西婭・杭特（Thea Hunter）的事。[10]她在哥倫比亞大學（Columbia University）取得歷史學博士學位，接著找到幾個不錯的臨時職位。時間一久，她不得不同時在多個機構裡擔任兼職教師，以湊成一份全職教學工作。她工作認真，但每所大學都認定她是兼職教員。這代表她不能得到健康保險，因此當她肺部開始疼痛時，也無法看醫生。她一直用對付哮喘的方式來應付疼痛。甚至連她本人都還沒弄清楚病況有多嚴重，疾病就已奪去她的生命。

儘管這個故事在所有兼職經驗中實屬極端，但它反映出一種廣泛的現實狀況：對絕大多數努力成為教授的人而言，日常生活異常艱難。至少，對我來說，做別種工作帶來的恐怖，或**變成另一個人**所帶來的恐怖，終究比我面對個人或教職深淵時經歷的恐怖要小。

③ 譯注：ABD是All But Dissertation的縮寫，意指已經完成博士學位要求的所有課程與考試，但尚未完成博士論文的準博士生。

為了避免你出於恐懼而繼續留在學術圈，我提出的第二個論點可能更像個保證：雖然離開志業的感覺很痛，也很難想像疼痛感會減輕，但失落之殤的確會逐漸淡去。我為這本書採訪的幾乎每一位前學術人士，以及我在職涯轉換過程中遇到的那些人，都證實了這件事。現在我也可以親自認證。

縮短陣痛期的方法之一是緩解傷口的疼。投入求職兩個月後，我發現意料之外的撫慰。我坐在電腦前一邊瀏覽職位要求，一邊擔心它們和學術要求如此天差地遠。然後我突然想到：不管最後找到什麼工作，不管那有多爛或多令人尷尬，我都不用為了它去讀德文學術文獻。

明白這件事帶給我極大寬慰。不管努力了多少年，我一直都視德文為畏途：研究所時，我竭盡所能延遲德文檢定考；我故意優先處理英文、義大利文和法文的參考文獻，最後才碰德文資料。所以，我一點也不意外自己在想到可以擺脫德文時，嘴角揚起了一抹微笑。但這個直覺反應帶來的另一項頓悟，卻嚇得我措手不及：對於不當教授這件事，我竟然笑得出來。

## 使用指南

正如英文副書名所示，這本書旨在成為實用指南。從離開學術工作的恐懼到適應第一份非學術工作，這六章會一步步引導你前進。

書的每一章都涵蓋這趟旅程的不同階段，我會以自身職涯轉換時發生的事件——以及我的應對方式——為起始，接著闡述更通用的建議。我們會從該階段必須回答的三個問題開始，這些問題與你自身及你的職涯有關。雖然問題並非鉅細靡遺，但它們能讓你的思考更聚焦，協助你判斷心力要放在哪。接著，我們會看到建議、趣聞軼事和實用步驟，好幫助你出了學術圈後更靠近理想的職涯。每一章的結尾都提供三個行動項目，讓你可以開始實踐我的指引。

這些材料經過設計，因此你可以一口氣讀完，也可以分章閱讀，或在你感興趣的段落間穿梭。我的目標是保持各單元短小精悍，也讓書本厚度易於消化。

## 延伸閱讀及其他資源

這本《離開學術界》意在提供詳盡引導，即使你在相關主題裡只讀這一本，也能夠成功轉職。不過也有其他資源可運用，包括自助指南、與前學術人士的訪談、「跳槽文學」（quit-lit）[4]、求職者社群等，甚至還有一些職涯教練專門提供建議，協助人離開高等教育圈以尋求更好的機會。

我推薦你以這本書為起點。讀完這本書，你會站上最佳的轉職基準點，從而在後續的各項專業協助中獲得更大利益。若你可能轉職，或已下定決心轉職，那麼一份簡明的現況研究能助你在一片資料汪洋中航行。

上一代的標準指南是蘇珊・芭莎拉（Susan Basalla）和瑪姬・德貝流士（Maggie Debelius）合著的《那你還能怎麼辦》（*So What Are You Going to Do with That?*），目前已出到第三版。這本書針對圈外求職收錄了豐富的內容，尤其是還手把手教你如何為新的就業市場重塑自己。《那你還能怎麼辦》的特殊之處還在於它收錄了各種學界轉職成功人士的趣聞。你在找某個和你讀了相同學位、最後順利跳槽的例子嗎？很可能這本書裡就有。

這種書寫取向的缺點是，《那你還能怎麼辦》提供了過量故事，對於重要細節卻付之闕如。以我而言，我從書中得知我應該做**什麼**事，但我卻不知道該**怎麼**做。許多至關重要的問題並未得到解答：人們什麼情況下會開始遇到挑戰？在什麼地方會自我懷疑？怎麼克服這些困難？

簡言之，該書會給你一種「博士無所不能」的印象。這很棒。然而，我認為是學者的慣性和思維模式使得轉職如此艱辛，但書中的教學步驟卻時常未能深入探討這一點。

喬瑟夫．福休尼（Joseph Fruscione）和凱莉．貝克（Kelly Baker）合撰的《在學術圈外成功》（*Succeeding Outside the Academy*）對此著墨較多，成效也較好。書

④ 譯注：衍自決定離開學界的人撰寫的各類文字內容。該詞由 quit（辭職）和 literature（文學）組合而成。

中彙集了十四篇由前學術人士撰寫的文章，每篇長達十頁。此書將各篇文字分為兩組：一、重新思考學術生涯及成功的定義；二、創造新職涯。和《那》書相較，這些回顧性文章讓人看見更完整的故事，既展現了對類似處境之人的同情，也總結了作者們離開學術界後的寶貴經驗，其達致的平衡令人讚賞。

但即便如此，《在學術圈外成功》也有缺點。主要缺點是缺乏整體感。雖然書中的每個故事都引人入勝又頗帶來啟發，但合起來卻不像一部完整的作品——無疑是因為各則故事皆出自不同人之手。第二個（更嚴重的）缺點是，讀者搞不清楚什麼時候該參考某一章的內容。《在學術圈外成功》並沒有將職涯轉換當成全書主軸，而編輯分組文章的標準也不夠精確。雖然瑕不掩瑜，但這本書因此比較適合當成次要資源，而不是主要指南。

《解密高等教育》（*Inside Higher Ed*）、《高等教育紀事報》（*Chronicle of Higher Education*）及其他出版品也收錄關於離開學術界的文章。這些意見的品質參差不齊，從「跳槽文學」到深思熟慮的實用建議都有。雖然並非篇篇有用，但每當我覺得自己快要溺斃時，它們就是最有價值的那一口清新空氣。

二〇一七年，隨著教學合約進入最後一學期，我的恐慌開始降臨。用以銜接的非學術工作根本連個影子也沒有，但距離最後一次薪資入帳只剩不到六個月的時間。就在這時，麥可・齊姆（Michael Zimm）的〈從荷馬到高科技〉（“From Homer to High Tech”）一文如天啟般出現在我眼前。[11]這篇文章不但提供實用建議，讓我的求職之旅有以為繼，還幫助我抵禦失業的恐懼。麥可的建議撼動了我，我立刻決定聯繫他。接下來你將會讀到，當時的決定間接引領我走向新職涯，也讓我贏得了一位密友。

由「學術難民」組成的線上社群是另一個助你加速離開高教界的資源。[12]不論你身在何處，這些社群能帶你接觸新朋友、新產業和新機會。和你的學術領域相同的人所組成的社群最為有用：他們理解你在轉職過程中遭遇的特定挑戰；他們可以更清楚地告訴你，在你卸除學者身分後，工作可能長什麼模樣。

專門協助學界人士順利轉職到心儀職缺的企業，也包含在這些社群裡。雖然礙

於篇幅限制，無法列出完整名單，我還是挑出了幾個，可供你當成起點：[13]

- Academics Mean Business
- Beyond the Professoriate
- Free the PhD
- IncipitCareer
- Imagine PhD
- Jobs on Toast
- PhD Matters
- The Professor Is In
- The Versatile PhD

儘管線上團體的樣貌多元，但是一和社群媒體比較，就相形見絀了。推特（Twitter）⑤、領英（LinkedIn）和臉書（Facebook）會源源不絕提供各種反思、建議、抱怨等，對於你轉職過程中的每一步都能帶來幫助。但問題是這些論壇缺乏結構。它們可能對特定主題提出精闢見解，但你無法在某處一網打盡，更別提把它們排列成合理的順序。結果，你很快就會被資訊洪流淹沒。若你想要多看一些建議，儘管去試試水溫，但請先用這本書當作你的穩固立足點。

## 讀者須知

我的建議並非萬靈丹。我整理出指導原則，相信能帶領你順利轉行，帶給你快樂，但每個人達成目標的難易度不盡相同。你投資的時間、你遇見的人，還有你對學術的情感連結，都會影響結果。而且，雖然你的個人特質會隨著轉職而變化，它仍然會影響你對於離開學術界這件事的感受。

大維．恩格爾（David Engel）是個極端的例子。他一心只想當學者，只有受過當學者的訓練，而且認為自己唯一能做的事就是當學者。但是當一位專業哲學家的現實景況讓他筋疲力竭。在終身職位上待了四年的他沒有私人興趣，對於「成功教師」身邊環繞的人格崇拜感到幻滅，而且每週末要開好幾小時的車才能去見住在另一座城市的妻子。

⑤ 譯注：現已改名為X。

在二〇〇一年，她用實事求是的口氣告訴他：「你不快樂。」一開始他忽略這個判斷。但那週日下午他開車回家，他的狗從後座把頭伸向前，倚在他肩上撒嬌時，他明白妻子是對的。

對於離開的決定，大維還是覺得很掙扎。他感覺自己是個拋棄志業的騙子——他已經裸辭了。但失業狀態沒持續多久。大維巧妙地把銀行裡一份臨時性的數據輸入工作轉變成永久正職。[6]他在該領域裡逐步高升，現在是富國顧問公司（Wells Fargo Advisors）的總經理。

雖然在新職涯上取得無可置疑的成功，大維仍然很難擺脫當初脫離學術圈時經歷的尷尬和恐懼感。幾年前，就在生活一切順當時，妻子注意到他在家中收納舊學術書籍的書架前徘徊。「你又來了，」她說，「你在說你自己是個失敗者。」她的判斷再次正確。距離大維最後一次寫學術文章已經十年了，他仍然感受到一絲揮之不去的悲傷。

正確來說，這不代表他不喜歡自己的工作，或後悔離開學術界。事實恰恰相反！但和我們大多數人一樣，大維全心相信學術是種志業，相信學術是定義己身的唯一要素。事後來看，他明白這種心態是錯的，因為這使職涯轉換難上加難。

我的同事有截然不同的經驗。雖然在學術界打滾了超過十年，他馬上就愛上商業世界的速度、挑戰和報酬。對於教授的日常生活，他幾乎無可留戀。踏進顧問界才不到三個月，其實就有間長春藤名校邀請他參加終身職面試。他甚至沒撥時間討論這件事：看見人生的可能性後，回到學術界變得不可想像。

這些故事和你的經驗不會完全相同——這不是故事的本意。相反地，在放棄一項你視為志業的職涯時，它們代表情緒光譜的兩極。這些故事還會告訴你一件事：不論你再怎麼把學術當作人生，你都可能在另一種職涯中找到更大的滿足感。

上述保證並非陳腔濫調，而是經過研究證實。二〇一八年，康乃爾高等教育研究所（Cornell Higher Education Research Institute）發布一份工作報告，詳細說明了

⑥ 譯注：根據大維・恩格爾二〇二三年秋天在領英上的貼文，他在財務顧問界的第一份工作是影印資料，第二份是整理客訴。

學術圈外的博士比從事教授職位的圈內博士擁有更高的工作滿意度。[14] 報告裡的其中一項發現可能讓你特別感到寬慰：即使是那些不情不願離開學術圈的人，也都比圈內人士擁有更高的幸福感。

## 隧道盡頭的光

麗姿・瑟格蘭（Liz Segran）常常進行這種對話。跳槽到新聞業後，她逐漸體會到離開學術圈的確很困難——而且在事情有起色前，困難的狀況通常會先加劇。問題在於，預期到自己可能遭遇挑戰這一點，常常使人難以敞開心胸擁抱新職涯，因而就只能受困在無限輪迴的短期學術工作中。

麗姿很想提醒大家：長遠來看，你的前景會比別人更好。你已經擁有一般人並未擁有的技能，例如寫作、研究、分析能力等。通常你只欠缺針對某個特定主題的知識或工作環境。一旦補強了這方面的經驗缺口，你就會成為市場上的寶貴資產，能比同儕晉升得更快。

當然，如何補強經驗上的缺口就是種挑戰。許多學者在離開教職後的第一份工作中跌跌撞撞，因為覺得自己沒有被擺對位子。有些人討厭提問（也就是說，因為自己不是該領域的專家而感到惱怒）。有些人抗拒當一位二十一歲「同事」身邊的三十歲實習生。有時候，朝九晚五的上班規律感覺很無聊；又或者和學術環境相比，職場的動態令人陌生。這跟你是誰或從事什麼無關：換工作時，每個人**都會**有些不愉快的地方。

然而，撐過那段「不愉快」非常重要，因為這樣才能培養出必要知識或技術，未來才有機會獲得成功。一旦在新環境適應下來，情況就會迅速改善。相較於經驗比你多、但在學習的技藝上未受過正式訓練的人，你會更快將散落的點串接起來，消化統整資訊也更輕鬆，還能把複雜的主題解釋得更清楚。新同事會發現這是種能力，而且大多會欣賞你在研究所多年下來打磨出的技能。能力、智力和驅動力永遠不退流行。

所以，請克服衝動，別向恐懼低頭：在轉職上，你失去的可能比想像中的少，得到的卻非常多。

雖然現在你可能較難想像離開學術界的好處，但這些好處既真實且具體。先說最明顯的：薪水通常高很多。領了多年微薄薪水後，你會發現自己付得起意料之外的支出——而且前往一定要出席的會議時不用自掏腰包，也不用自行吸收跨國搬家的成本——這讓人大鬆一口氣。時間一久，轉職也讓人不用一直費力遞交各種申請，不必害怕遠離朋友或家人，更不必為了學術而擱置人生中的重要事物，因而承擔沉重的壓力。

讓自我與工作脫鉤，也是一種解脫。剛進學術圈時，我想要形塑年輕人的心靈思維、改變未來學者詮釋羅馬文學的方式。這個自我期許讓我的工作顯得重要——而且感覺很有意義。但日常生活裡，使我費盡心神的事務極少對應到這些崇高目標。相反地，我花了十年的時間試圖影響一個全球受眾人數為五十人的學術論壇，還逼迫大學生背誦繁瑣的拉丁文法。

現在，我在其他追求上投入時間、財富和天賦，心態遠比從前感到更多的滿足。我的工作僅是一種支應生活的方式。我深深享受工作，為自己的優良表現而自豪，但我不會欺騙自己工作就相當於全部的自我，或者工作必須有哲學性的意義才值得努力。

其實，我很驚訝——在商業界工作讓我有能力支持我在乎的社群和議題，而且支持的力道遠比我在學術圈時能發揮的更大。我給得起金額更高、頻率更穩定的捐款——而業界經驗讓我更知道如何幫助他們達成目標、發揮最大影響力。每當我重新思考工作的哲學性意義時，我都清楚明白：總體而言，新的職涯讓我取得了更大的進展和成功。

## 寬廣的工作世界

當今世上，許多領域的蓬勃發展——例如資訊科技、資料科學、醫藥等領域——為受過高等教育的人提供了可行的職業選項。雖然這些知識經濟主要追求實用性目的，而非理論性的，但它們通常源自高等教育，而且仍和學術界維持著若干文化連結。

因此，在這些領域工作帶給你的熟悉感可能超乎預期。一如在學界，你將面對複雜問題、綜合來自不同領域的數據、研發出創新的解決方案。主要差異是成功的衡量標準：是否解決了人們的實際問題。然而，我的採訪對象大多立刻就提出另一個頗為現實的差異：用 PowerPoint 簡報呈現研究成果，而不是用好幾個章節組成的 Word 文件。[15]

在把人類學訓練帶進新興的設計研究領域時，蘇珊娜・柯恩（Susanne Cohen）學到了這些事。在離開學界後的第一份工作裡，她透過參與者觀察研究來協助改良醫療器材。根據她的描述，這份工作和田野調查很類似，只差在沒有理論依據：現在，她研究人類的目的是為了改善使用者在診間、手術室甚至家中會使用的產品。

蘇珊娜在進入新的專業領域時，仍持續累積經驗。她在愛思唯爾（Elsevier）⑦擔任資深用戶體驗（user experience，縮寫為UX）研究員時，不像過去那樣需要做這麼多的直接觀察，但她仍然需要匯總質性數據，並根據研究結果改善產品，使產品使用起來更直觀、更有價值。事實上，她在新工作崗位上做的專案，比她以為的更接近從前的舊業：她和團隊一起打造出Elsa，並持續提升它的效能——那是一個以網頁為基礎的工具，主要用來出版學術、科學和醫學相關書籍。

她受過的博士訓練也帶來意料之外的好處。在離開學術界後所從事的每一份工作裡，蘇珊娜的互動對象都擁有高等學位。這些人包括參與研究的醫生、醫學專家和學院內專業人士，以及其他脫離學術圈後在新領域獲得成功的人。這種點狀接觸有助於她比以往更快速建立起融洽關係——並迅速在重視專業知識的群眾中確立自己的聲譽。

雖然脫離學術圈對蘇珊娜的職涯而言是個決定性的轉折，她仍然看見兩者之間有所延續。在現代經濟中，這很合理。對蘇珊娜來說，儘管她必須學習新技能、追求新目標，但從前在高等學位中所受的訓練和培養的習慣，使她得以替學術界、醫學和資訊科技領域的計畫增添價值。她的公司顯然很清楚她帶來了何等益處：進公

⑦ 譯注：愛思唯爾是一家學術出版社，致力於科學、技術和醫學方面的學術出版品。

司不到兩年，她就獲得升遷。

## 結論

大多數人踏上你即將面對的旅程時，對於隱含其中的變動是感到極其恐懼的。面對這些恐懼非常重要。對大部分學術人士而言，離開這種「智力生活」的最大障礙是承認自己想離開。一旦體認到這層心理限制，對生活的想像就會鬆脫，工作與自我認同或長期目標之間的新範式會變得更容易適應。在前方的路上，你並不孤單，甚至頗有理由感到興奮。如果有些地方看起來依然黑暗，請別過度擔憂。面對恐懼，便能獲得直視前方的勇氣。萬一你曾懷疑自己該怎麼堅持到底——或可能抵擋不住誘惑，又回到舒適圈——你可以感到安慰：你眼前的嚮導，以及許多像他一樣的人，都已平安完成了這趟旅程。

## 行動項目

1. 開始寫職涯日記。你的第一篇應該探討自己進入學術界的原因，以及對於離開學術界的感受。
2. 和某個你信任的人坐下來，坦承地談談自己為何想要離開高等教育界。
3. 好好慶祝一下！你就要開啟人生的新篇章了。

# 第二章　辨別期

好幾年前，我的妻子瑪若莉（Mallory）是一所大學的終身職候選人，那是一所位在中西部鄉村的小型基督教學院。從紙面上來看，那裡很適合她，但當她實際到校園參訪時，現實與期望頗有落差。她的確準備好面對一個又小、宗教氣息又濃厚的環境。然而，親自到訪後，她發現學校的價值觀和教職員行為準則比行銷部門和職位列表所暗示的要保守多了。學校的某些政策和她深信的價值相衝突——和我的價值觀更是天差地遠。瑪若莉回到紐奧良（New Orleans），想說既然自己明顯表現出不自在，那就應該不可能受聘。她的確不想被錄取：她馬上就明白自己不適合這所學校。

十天後，院長打電話來，通知她錄取了。她努力表現得很興奮，但同時不給任何承諾。幸好我是個好藉口：校方知道我也在學術界工作（而且還恰好同領域）；她堅持我在同一地區找到工作的可能性，會影響她是否能夠接受聘用。院長毫不遲疑。他答應出錢供我們一起飛過去做進一步評估；為了提高誘因，他甚至說會考慮配偶兩人一起聘用。

我們沒料到最後一項變數。抉擇瞬間變得更困難。瑪若莉很快開始懷疑自己參訪時的感受：當時會不會只是太緊張了？是不是難熬的偏頭痛害小鎮看起來很不可親？校園看起來陰冷，會不會只是因為當時是一月？再仔細思量，那裡的確可能比她一開始以為的更宜居，但我們沒多少時間猶豫了。只有一個方法可以確認：我們訂了機票，打包了行李，飛到北方度過為期三天的週末。

儘管我們謹慎而樂觀地期待瑪若莉的學術求職之旅即將告終，我倆卻都無法擺脫心中的憂慮。那裡真的感覺很冷——物理上和心理上都是——而且離最近城市的距離比他們說的要遠得多。除此之外，一談起與我有關的實際工作條款時，他們提出的不太像配偶兩人一起聘用，反而更像是「上鉤調包」手法：兼職一年，「然後我們再看看」。

我們的內心深處知道，這份工作不適合。即便如此，相信自己的直覺仍然很難。從進研究所以來，人人都說你的一切努力**就是**為了終身職，為此你得忍受超長工時與超低薪資。即使知道我們終究要面臨「雙職工問題」（two-body problem）①，我還是會想，自己對這份特定工作的焦慮到底是出於擔憂還是嫉妒。回家的班機起飛時，我們感到萬分掙扎：對家庭比較好的選擇，和若想追求事業成功就必須做的選擇，兩者之間的平衡到底該如何拿捏？

進退兩難之下，我們向其他學界人士尋求建議。一些人盡力為我們釐清問題，但幾乎沒給出什麼新想法。這不意外：除非同時錄取超過一份工作，不然學者不會討論要不要拒絕終身職。在二〇一五年時，網路上關於這件事的搜尋結果只有兩筆。這兩條裡的拒絕原因都是個人或家人健康因素。對我們來說，這種靜默發出了讓人不得不正視的警告：沒人會拒絕瑪若莉眼前的這種機會。[1]

有些同事甚至遊說瑪若莉接受職缺——還附帶警語。他們聲稱，在一年有五百個以上申請者申請少得可憐的三十五個終身職缺的情況下，她若拒絕，會遭致聲譽受損，最後導致學術職涯終結。這份恐懼早已縈繞在我們心頭良久，雖然我們懷疑其真實性，卻也苦無證據可以推翻它。企圖心和擔憂在心中拉扯了將近一週。

最後，瑪若莉不得不做出沉痛決定：拒絕這份她用將近十年來學習爭取的獎賞。

## 承認問題

我和瑪若莉一面掙扎著確認我們想要怎樣的個人與學術生活，這才發現，這條等式中存在著許多變因，先前我們都忽略了。那種本能反應是可以理解的。一如大多數的學術人士，整個文化薰陶我們，要我們相信人生的重大選擇是不可控的。

你可能已經知道了，高等教育對身在其中的學者有一些詭異的要求。其實，學

①譯注：指的是當夫妻或伴侶都是職業人士時，由於職缺位置通常地理分布不均，而且相對稀缺，因此雙方面臨必須分開生活或放棄職缺的抉擇。

術工作市場真的很怪。還記得你在週末餐桌上向家人解釋學者的求職週期時，他們的眼神有多茫然嗎？這不是因為你腦袋有問題或解釋得不清楚。這是因為學術界施加在你身上的限制大大迥異於其他職場的經驗，以至於根本令人難以置信。

就算只限縮在本章的開篇故事裡，也可以注意到高等教育在五個方面阻礙了你做出重大人生選擇的能力：

- **地點**：完成論文後五年內的工作機會，很大程度會決定你能住在何處。
- **選擇權**：你能否拒絕某份工作，可能取決於這一年你申請上幾份工作。
- **時間點**：你只能在八月到十一月之間申請永久職位，然後在十一月和四月之間申請短期職缺。
- **感情生活**：你若有伴侶，那麼不論哪裡開出職缺給你，他們都得跟你移動——除非你們決定分居。
- **職涯發展**：合約類型決定了你能否繼續從事擅長的工作；換句話說，你是以兼職教授、客座教授還是助理教授的身分獲得聘用，比你的教學品質、學術生產力或社群影響力更重要。

若你還在試圖合理化高等教育的索求，接受這些概念可能有點道理。但這些限制既不正常，對你的工作心態也不健康。一旦你下定決心離開學術界，就該拋棄這些心態。

對我和瑪若莉而言，前述的工作機會加速了這項過程。它帶來的反思再深刻也不過：她開始發現終身教職不是她想要走的學術之路，而我不得不承認，完全離開教授之職可能是最佳選擇。

無論是什麼讓你準備好離開學術界，這個節骨眼提供了獨特機會，你可以重新評估自己對生活的期望，以及生活之於你的價值。這些並非可答可不答的問題。你就是**必須**回答。當你的視野已超越象牙塔時，舊有的思維限制會妨礙你找尋成功和幸福。

因此，一旦克服了對從事非學術工作的恐懼，你就會進入辨別期。廣義而言，此職業轉換階段包括要回答三個問題，而且那將會影響你餘下的旅程：

1. 你想從生活中獲得什麼？
2. 你想從職涯中獲得什麼？
3. 如何將這兩者協調到最好？

無庸置疑，這些問題至關重大；必須明確告訴你，我不能直接指導你該怎麼想。你的答案必然是專屬你個人的答案。然而，我能提供一個框架，讓你能有意識、有訣竅地應對這些問題，並有效辨別出一套可接受的價值觀。

本章所述的策略要幫助你從更開闊的角度看待生活和職涯——而且不再將某個工作視為幸福的唯一要素。要達到這項目標，你必須打破慣性，不要再硬將「個人成功」與「事業成功」做出區分。但此種辨別並非目的。辨別期的價值在於它使你有能力做出更明智的決策——也就是說，它給了你**行動**的能力。

## 重新掌控你的生活選項

一離開學術圈，個人生活與事業的五個面向就重回你的掌控之中：地點、人際、職涯發展、薪水、工作的意義。在邁向新職涯前，評估這五個面向的重要性是關鍵的第一步。隨後，根據評估的結果，你能更快、更不遲疑地盤整自己最佳的職業選擇。

在進行辨別時，拋下思考限制固然很好，不過須記得，這些面向可能互相重疊，且對某一項的偏好必然會牽動其他面向的變化。

這裡就舉一些例子，上述的附加說明會更具體。決定與留在學術界的伴侶同居，可能會限制你選擇居住地的自由。同樣地，搬到矽谷可能可以敲開科技界的大門，但也迫使你追求高薪職位，以負擔高昂的生活開銷。你必然要做出妥協，但別因此不採取行動。謹慎做出選擇、弄清楚這些選擇背後的原因，接著就堅定走向最符合你價值觀的那條路。

我們從離開學術界後會拿回掌控的主要權利之一開始看起：決定居住地。基本上，這可能涉及在城市、市郊或鄉下之間做出選擇。或者，你可能想搬到某個對你個人有意義，或是能提供特殊機會的地點。你甚至可能把換工作當成搬到別的國家生活的機會——或是在遠走他鄉多年後搬回母國定居。

儘管理論上選擇多不勝數，但由於現實因素，大多數人的選擇是有限的。生活成本可能決定了你能否負擔在特定地區居住的開銷，而那些想到國外的人可能要會說當地語言才行。地理位置也可能限制你找工作的範圍。畢竟，最容易找到工作的公司行號是離你很近的那些。找工作的難易度還會受到一些最直接的數字決定：住家周遭有愈多與政府機關、企業、慈善機構相關的辦公室，就愈容易有工作機會。但這並非鐵則：你也可能找到遠端工作職位，因此不論身在何處，只要有穩定網路就能工作。

人際關係是現在你能自由納入考量的另一項要素。你想要離兄弟姊妹或父母近一些嗎？或是遠一點？由你決定。你也能選擇和一群朋友住在同一地點。那可能是你長大、上大學或拿到研究所學位的地點，或也可能是有很多朋友都成功找到工作的城市。那個地點在**哪**並不重要。如果你比較想與所愛之人住在附近，那麼找的工作就要符合這項優先考量。

如果你正在經營一段關係，那麼這種自由尤其令人興奮。我知道和伴侶「遠距離」——以及擔心工作會讓人一直「遠距離」下去——是什麼感覺。若你正處於此種情況，那麼離開學術界會大大舒緩焦慮來源之一。

有些人有更緊迫的時間考量。若學術界的規定和其帶來的不安定讓你無法建立家庭，卻現在你可以自由考慮成家這件事了。若決定建立家庭，一系列的次要考量項目也會跟著出現：哪一區的醫療資源或就學條件最好？在哪最容易找到能定下來的伴侶？哪些地理位置讓你最容易收養孩子？

在職涯發展方面，你也能應用這種辨別能力。我指的不是你該做**什麼**來營生；而是你想要職業生涯**如何**步步發展。以下用兩個例子來說明箇中差異。

先從一條常見的路徑開始。大多數學者遵循的職涯路徑，我稱之為「卓越模式」，意即在特定領域逐步建立卓越名聲，接著致力在其中保持領導地位。獲得晉升很常見，但晉升不會大幅改變原先的日常工作項目。不論身為助理教授或正教授，你都要教課、帶領實驗室或研討會；你要做研究，還要在不同的學術論壇上發表研究結果。

這種職涯軌跡最初吸引奎伊斯．帕帕朵普勒斯（Chris Papadopoulos）進入學術界。成長過程中，他曾見過許多家族成員在醫學界工作，那也是一個專家通過不斷深化專業知識來提升的領域。因此，投身物理學研究的好處是很有熟悉感——而且很容易跟遠在希臘的親戚解釋！直到奎伊斯無法繼續走這條路，他才轉向他途：現在，他不再為粒子加速器打造複雜的電腦模型，而是成為了信用業力（Credit Karma）的資料科學家。

除此之外，還有其他可能的職涯軌道。麥可・齊姆原想藉著歷史學博士學位獲得院長職位，成為副校長，甚至成為大學校長。他打算在各層級累積教學和領導研究的經驗，但他認為日常任務將會隨著職涯發展而逐漸演變。相對於前述的「卓越模式」，我稱這種模式為「領導模式」。在這條路上，你會在某個機構建立地位，對那個機構了解得很深，並隨著時間過去承擔愈來愈多的責任。

與評估居住地或同住伴侶不同，評估一條理想的職涯發展，攸關的是在你想做**什麼**和你**如何**建立專業聲譽之間有所區別。在更高的層次上思考能助你超脫研究與教學，從而對工作有更多想像——也許還能幫你弄明白，學術職涯所能給予你的，從來就不是你想要的。

然而，這個思考框架有其限制。首先，上述模式只是兩種標準模式。非常少人精確遵循其一；可能有其他模式（及隱喻）更能反映出你的抱負。若你對其他路徑感興趣，網路上能找到豐富資源。再來，這兩種職業選擇都不是絕對「正確」的。最終你得找出一條符合個性的路徑，並尋找可以帶你走向目標的職涯。

薪資是在職涯轉換過程中需要辨別的第四個項目。在所有項目中，那些在學界之外高就的人最強調此項——他們也指出，這是學界人士最難以啟齒的主題。職業顧問也同意上述這件事，而且他們證實：這種態度在人文學科的學生之間尤其普遍。

我認為這是文化薰陶下出現的弊病。在整個研究所學習過程中，我們被理所當然認定對自身專攻領域充滿熱情，也被告知賺錢並非學術工作的重點。久而久之，這個觀念在我們的心中根深蒂固，我們開始將一定程度的貧困（或至少不寬裕）與好的工作表現連結起來。

這種信念可能導致人們忍受許多不該容忍的屈辱。我們都認識某個為了一年期的工作承擔了搬家費用的人，或者某個接受出版商拿書本而非金錢當成審稿報酬的人。這些負擔甚至可能讓學者引以為傲，因為這樣彷彿顯示了自己在學術上的奉獻超越同行。

脫離高教界的人普遍認為，一旦你拋棄這些信念，採取更實用主義的方式看待自身職業和報酬，生活會變得更好。無論最終是否把財富視作主要考量點，或者是否認為財富值得追求，你都無法逃避一件簡單的事實：金錢是這個社會使用的工具，用來幫助人獲得所欲或所需的商品及服務。對賺錢的方式進行浪漫化描述並不會改變這項基本事實。

與此同時，擁抱那種貶低金錢價值的理想主義，只會讓人離理想愈來愈遠，因為這讓學術機構得以剝削那些對學術最有熱忱的人。史蒂夫·賈伯斯（Steve Jobs）對於以科技改變人類生活充滿熱忱，但沒人建議他免費工作。我想鼓勵你用同樣的方式思考金錢。本來就不該恥於盼望自己的工作獲得公平薪資——因此，也沒有理由嘲笑自己向雇主要求報酬的想法。

你的個人背景無可避免會形塑你對這個議題的觀點。當大維·恩格爾還是學者時，他渴望過一種拋棄財務顧慮、重視精神層面的波希米亞式生活。對柏拉圖（Plato）和蘇格拉底（Aristotle）的研究給了他專業的語言技巧和智識掩護，他便得以為這樣的立場辯護：哲學家把對金錢的擔憂視為下等，還敦促追隨者以對真理和理性的重視取而代之。[2]

儘管認同這些論點，大維在研究生時代與教授們共進晚餐，培養出對葡萄酒的喜好，還開始欣賞起優質羊毛外套的工藝。一開始大維有盲點，看不出兩者之間的衝突，直到多年後他才明白原因：他的成長環境和他研究的古聖先賢極其相似。雖然他們都堅信真理高於一切，但事實上，他們在個人處境上享有的特權讓他們從不需要工作——這樣一來，很輕易就能宣稱金錢不重要。

但物質的安全網無法防止心理上的失落。在將對學術的投入當成自我認同多年後，大維轉而尋求新職涯，因此也被迫重新尋找自我。在過程中，他不得不面對一個事實：他對自己的固有看法和現實並不符合——他甚至很勢利。這些恍然大悟讓離開學術界變得加倍困難，尤其他的新工作是要在一間大銀行的辦公桌隔間裡輸入資料。

十多年後，大維已是富國顧問公司的總經理，金錢（多少有些諷刺地）在他的職涯中占據中心位置。儘管這種轉變很有挑戰性，他的舊哲學中比較高尚的面向仍然存在：大維依然珍視智慧，也經常參加職業論壇，為學者提供建議，幫助他們避開年輕時絆倒自己的那些陷阱。

克里斯蒂．洛奇的經驗則截然不同。她由單親母親扶養長大，從小就明白拿得出錢付帳單的重要性。因此，開始攻讀中世紀研究的博士學位時，她對所謂的精神生活沒有任何放不下的情感：金錢方面，你能妥協的就只有這麼多，而且生活一定要避免財務短缺才過得下去。

大維的故事中那種「為了崇高理想犧牲自己」的個人敘事對克里斯蒂而言毫無吸引力。每當考慮一份工作職缺時，她都會本能地把生活成本和各項支出拿來比較。這種計算並不困難，卻極其有力：知道每月現金流的收支平衡點以及理想的儲蓄額，讓她在談判時能睜大眼——還讓她得以在更有利的位置上為自己發言。

如今，克里斯蒂找到了合適的平衡點，能兼顧個人的財務安全和正直感。白天時，她是俄勒岡大學隆德奎斯特商學院（University of Oregon's Lundquist College of Business）的職涯顧問，晚上則經營自己的公司——IncipitCareer，幫助學者在各行各業找到工作。

從這些故事中可得知，你離開教授崗位後，對金錢的態度可以有許多種可能性。當然，沒有一個答案是正確答案：你可以選擇認為薪水毫不重要、薪水至關重要，或介於兩個極端之間。做這項評估時，僅需誠實想像你希望經濟潛力在生活中扮演何種角色，然後排出相應的重要性次序。

我考慮的最後一個面向是工作的意義。如同先前所言，許多學者以自己的職業為志業。與此承諾相伴的是一種感覺，即自己正在做的事是真實、在更高層次的存在意義上具有重要性的。無論你是在推進人類知識的極限，還是在形塑下一個世代的公民，這些目標看似崇高，而工作感覺起來也值得投入。

然而，你該問問自己：為了存在意義上的「善」而勞動，並藉由此種勞動來支付帳單，到底有多重要？有些人滿足於擁有一份普通工作，然後在興趣、家庭或慈善事業上找到更深刻的成就感。另一些人若無法讓自己的職涯與價值觀緊密結合，便會覺得不滿。

在考慮你希望自己在這道光譜上的哪個位置時，小心別將一個組織的稅收結構與工作使命弄混了。你很可能為這三類雇主之一工作：商業（營利）、基金會和慈善機構（非營利），或政府（公共部門）。雖然這些標籤聽起來似乎清楚說明了一個單位在做什麼（或至少他們優先考慮做什麼），但在實際情況裡並非如此。

首先，許多盈利的公司為世界做出重大貢獻。他們會提供必要服務、增進生活福祉，並且對與企業理念、員工價值或附近社區需求相符的慈善機構提供支持。相對地，許多非營利機構的存在是為了推進利益，而不是為了直接支持有需要的人。而且在我二〇一九年寫這篇草稿的當下，全球各地的政府計畫比以往任何時候都更加政治化，驅動各種活動的是黨派的激情，而不是需求和共識。

「社會企業」進一步使事情全貌變得更複雜。這類組織的目標是解決困擾社會的系統性問題，同時以營利的方式營運。懷疑者可能認為這種模式是在利用苦難，但它確實可以促進公共利益。請容我解釋。社會企業採用營利的稅收結構，因此能夠吸引投資者，而不是捐贈者。相對於慈善機構，身為一間公司可獲得更大量的資金，因此也更能資助創新或擴大解決方案的規模。簡言之，社會企業可以更快創造更大的影響力。賺錢仍是目標之一，但利潤並非主要動機。

我知道這聽起來愈解釋愈複雜，但我努力想闡明一點：一個組織所做的工作類型，更多是取決於其使命、文化和價值觀，而不是法律結構。在決定自己應該多在乎工作對世界的影響力時，**這些**屬性才是你該考慮的。直至目前為止，我的討論都假設你要為他人工作，但有些人會選擇**創辦**一間商業公司或非營利組織。創業之路充滿獨特挑戰，但你會對工作內容、工時長度和合作夥伴都擁有更大的掌控權。在工作與價值觀保持一致這件事上，沒有誰比得上能完全將工作意義與方式操之在己的創業家。

老實說，當初我開始向外搜尋職缺時，根本搞不清楚這些分別。我以為非營利組織都很棒，營利企業都很壞，而且我很難想像自己去做一份和教育沾不上邊的工作。我也特別看重那些我認為以形而上學而言很好的工作——同時害怕自己變成大企業的走狗。

時代已經改變了。現在，我的工作是幫助一個龐大的營利組織贏得新業務。但和你以為的可能不同，我並不需要為了彌合過去思維和現今角色之間的差距，而捨棄自己的價值觀。相反地，我必須重新定義一件事：藉由自己的工作發揮影響力，是什麼意思？

改變視角的方式之一是重新框定何謂「重要」。一直以來，我都以為我的學術工作比世上其他人面對的挑戰都更複雜，而且誤以為困難度就等於重要性。去了解其他職業後，這個錯誤觀念很快就更正了。事實上，今日企業、非營利組織和政府單位承擔的工作，就和我埋首研究時遭遇過的最大難題一樣棘手，需要動用的智力也是不相上下。有些甚至更艱難。

同樣地，當工作的代價真的非常高時，工作帶來的感受差異也會大得超乎想像。以前還是學者的我研究的是一位小眾羅馬詩人，在全球獲得的關注度寥寥無幾。沒人因我的洞見而變得更好或更糟：我影響的只是一場「學術討論」。然而，現在我參與的計畫關乎企業在未來如何營運，可能對成千上萬、甚至上百萬人造成影響。把工作做好的壓力令人非常振奮——這種腎上腺素飆升的感受，是我當教師及學者時從未體驗過的。

你可能也擔心，比起學界人士，那些透過企業或政府來處理世上各種挑戰的人比較無法開發出細膩、公平的解決方案。我承認自己長久以來都抱持這種傲慢的觀點——很高興要和各位報告，我在求職路上遇到的人很快就修正了我這樣的迷思。

非學術工作也讓我得以盡情擁抱人生的其他面向。妻子與我能夠組建家庭，而且在我兒子出生的第一年，公司提供我十六週的有給薪育嬰假。這項福利不僅讓我可以在他一返家後就培養子關係，還讓我在瑪若莉重返教職時能夠成為孩子的主要照護者。

我在乎的慈善機構也因我的轉職而受益。一如上章結尾所提，商場上的工作訓練我做策略性思考，也教會我組織的設計和營運。這些新知讓我更能引導像南沙經典社群（Nyansa Classical Community）這樣的團體，使之接觸到更大的捐款者及支持者網絡。我也發現自己有能力更規律地捐款了，這總是讓我很開心。[3]

在這篇討論辨別的章節中，我試著說明：最重要的是找出彼此平衡的優先事項次序，這樣一來不僅你會感到舒適，也能兼顧家庭。我很高興能把「自己對世界的影響」和「能夠支持我為世界帶來影響的經濟收入來源」區分開來。你一定會做出不同的選擇。但若沒有先搞清楚你希望自己的工作多有意義——以及如何定義「正向影響」這件事——那就無法追求那些與自身價值觀充分相符的工作。

## 轉職以外的辨別

雖然我一直將辨別能力描述得具有結構又直觀，但它其實形式很自由，過程還時常重複——你不僅可以在脫離學術圈時應用它，而且還應該養成習慣，繼續應用在新的職涯裡。

大衛．史蒂文斯（David Stevens）示範了這在實務上運作的方式。還在普林斯頓政治學系就讀研究所時，他發現在政策的制定上，相關單位把學者視為能夠代表當地觀點的知識中介，其依賴程度之大令他驚訝不已。這種依賴關係一開始是有道理的。政策研究機構基於學者專家的報告來提出建議——而聽取建議的人認為學術成果就代表品質或效度。因此，整個系統都傾向接受學術分析，而非更直接的報告。

經過了研究所中的學習，大衛發現自己愈來愈難接受這種情況。當時是二〇〇〇年代初，通訊科技正在蛻變，與世界互通聲息變得前所未見地容易。大衛很快明白，這種廉價的通訊方式可用來補充傳統專業知識的不足：面對一項問題，他能從擁有親身經歷的人身上獲得未經過濾的第一人稱報導。

歷史因素使然，這種對狹隘、經過中介的訊息來源的依賴變得令人備感沮喪。西方外來者向來有替殖民地代言的壞習慣，而大衛身為非洲專家，心裡深知這項弊病。即使如此，他的研究主題還是讓沮喪感又更加強烈：大衛研究內戰中的士兵在戰後如何重新融入社會。鑑於這一主題的內涵——以及事實上甚少學者對此有親身經驗——沒道理不將非洲本土的聲音端上檯面。

對現狀的不滿讓大衛決定要離開博士學程。雖然他知道，自己在非洲政治方面的專業可以輕鬆找到顧問工作——許多公司願意奉上大筆鈔票，只要他願意協助他們在賺大錢的過程中管理風險——但大衛明白走那條路他不會快樂。相反地，他覺得自己被迫「惱人地忠於好奇心」，決定尋找讓專業知識更容易獲得理解的新方法。

這種想要把影響力看得比金錢更重的衝動，讓大衛走上了一連串的創業之路。離開普林斯頓後，他先接受一份與非洲政治和政策相關的約聘工作，接著開始在紐約一間智庫當志工——他一直渴望回到紐約。這些決定滿足了他對智識追求和選擇居住地的願望，但代價是高工時和低薪。

不過，大衛的努力最終為他帶來了重大機會：世界政策研究所（World Policy Institute，簡稱WPI）聘請他擔任策略總監。在這個職位上，他能以更寬廣的角度探討如何讓公眾參與政策討論——接著也重新思考在組織中如何最有效地達成目標。二〇一九年世界政策研究所解散，將資產出售給一間新公司，這間公司邀請大衛擔任創始總監兼代理執行長。接下這個職位後，他目前正致力在世界政策研究所的基礎上打造一間社會企業，用創新的方式來提高公眾對複雜公共政策問題的關注和興趣。

大衛的職涯得以逐步取得進展，原因是工作內容與個人價值觀和信念愈來愈緊密結合。起初，審慎的辨別引領他從學術界轉向非營利事業。接著，這種辨別的作用力啟發了他，於是他協助創建一間致力於公共利益的新企業。這條路未必總是順遂，但因為大衛在每一步都盡力探求最符合自身價值觀的選擇，因此回顧來時路他便能無怨無悔。

## 實際練習辨別

若你還不確定如何從一團迷霧中辨識出道路，有些練習可助你暖身並漸入佳境。選項之一是撰寫筆記，記下你在工作和生活中傾向享受或避開的活動。隨著日積月累，這項簡單又低成本的策略能協助辨別出你的興趣模式，尤其若你的研究所學業或合約還有好幾年才會到期，就可以這麼做。

在追蹤自己的興趣時，我發現自己對於要在職涯中每學期不斷重複教授羅馬史課程的可能性感到絕望。這項頓悟讓我看到我多麼重視工作的多樣性——這也代表我會因高度重複的工作而感到耗損。在我開始到學術圈外求職之前，我已知道在高中任教不會讓我快樂。

若你必須在有限時間內離開學界，可以請一位朋友和你一起回顧你在高教領域的經歷。這類對話能協助你確認是哪些活動、模式和挑戰吸引你進入學界，以及是哪些障礙和困難令你想離開。之後你就能利用這次討論的筆記來縮小求職範圍。

依據所受的學科訓練而定，每個人自問的問題都不相同，不過你可以從以下這些開始：

1. 在你的學術領域中，最初是什麼讓你感到興致勃勃？
2. 在學術工作裡，你最享受和最討厭的是什麼？
3. 你期望學術生活能為你帶來哪些好處？
4. 家人朋友都說你什麼時候最快樂？

這些問題是為了鬆脫你對於「學術圈裡哪些事令我快樂」的假設——以及助你分辨出生活和工作裡你最想優先重視的面向。一如往常，這些問題沒有標準答案，只會給你更有把握展開行動的洞察。

## 從「為學而活」到「學會生活」

接下來的討論，是關於我和瑪若莉如何實際運用辨別能力，來面對本章開頭提到的終身職聘用問題。把它提出來是為了舉例，而非規範；它解釋了我們如何在彼此扞格的變數中掙扎，最後達成**對我們來說**正確的決定，而非**你**在相同情況下必得做出的選擇。描述這個過程的目的，僅是為了模擬你如何在生活和工作中讓需求和欲望達到平衡。

面對可能搬到中西部的選擇，我們立刻發覺**地點**對我們非常重要。縱使我們進入學術市場時相信自己必得跟著工作走，但紐奧良（New Orleans）壞了我們的規矩。這不僅僅因為紐奧良狂歡節（Mardi Gras）[2]正在如火如荼進行中，而我們可能搬去的地方又冷又寂靜；我們已經愛上這個城市的歷史、建築，和極其生猛有力的美食和音樂。這些人間至樂是我們負擔得起的——而且生活品質還上升到前所未有

② 譯注：紐奧良狂歡節以其盛大遊行、街頭慶典、華麗服裝和豐富的音樂與食物聞名。

的境地。望向北方，前景一片灰暗。聽說在那所可能聘用我們的學校附近，評價最高的餐廳招牌菜是馬鈴薯泥。

人也是等式中的重要元素。雖然最初來到紐奧良時，我和瑪若莉一個人也不認識，但我們很快和鄰居交上朋友，還加入了各種社交俱樂部。對一對正值二十歲後半的新婚夫妻而言，生活就是一場夢：我們每個月都有烤肉活動（cookout）；瑪若莉開始玩起競速滑輪（roller derby）；我獲選為當地自釀啤酒（homebrew）俱樂部的主席。[4]不到兩年，我們成為社區真正的一分子——雖然我們一直警告朋友，工作終會逼得我們不得不離開。

相較之下，我們受邀遷居的城市素有故步自封的惡名。我們不反對在落腳後結交新朋友，但我們也看不出有多少令友誼茁壯的契機。我們兩人都不認識車程三小時內的任何人，而且不止一人主動告訴我們，融入當地社交圈的主要方式是透過教堂——理想上是當地的新教教堂。還有傳言說，學校的「當權者」會追蹤每個人出席禮拜的情形。最後一項傳聞可能有些誇大，但對兩個偶爾勤奮、大多數時候差強人意的天主教徒而言，這實在令人擔憂。

我們的家人距離此地至少是兩趟飛機或整日車程之遙，這也令人煩惱。紐奧良已經遠得讓他們沒法如願時常拜訪，所以我們可以預期，如果搬到更常下雪、更遙遠的地方，他們就更不可能來看我們。

**薪水**也是問題。學校提供瑪若莉的補償方案大約就是學術市場的平均值，這表示若想買房、育兒，還要負擔無可避免的東北探親交通支出，那我就得找到工作。選項十分有限。他們用來引起我們興趣的配偶兩人同時聘用的提議只是短期的，而附近地區的其他學校也一樣小，一樣不太可能有經費多聘用一位拉丁文教授。

直到此時，我仍然相信自己的未來是要在學術界發展，甚至也去搜尋了其他領域的工作。沒一個看起來有希望。就算有，也不可能維持得下去。最近的城市要開車一小時才能抵達。天氣好的話啦。那裡一年可是要下五個月的雪。我們也不可能負擔得起兩個落腳處。除了過於昂貴外，我們兩人研究所時已經遠距離五年，實在沒興趣再來一次。

還有一個原因讓我對可能失業這件事很焦慮。我一直清楚自己熱愛智性上的挑戰，也喜歡認定自己在努力解決智性問題時最快樂。考慮到自己的性格，如果沒有工作給予刺激，我的心理健康幾乎絕對會受影響。我和瑪若莉都不想驗證這個假設。我們都清楚，長期的不快樂不僅會傷害我的健康——還可能威脅到我們的關係。

薪水方面的憂慮和這份工作對我們這個**家庭**的影響是交織在一起的。每個學術人都知道，一旦「終身職警鐘」響起，你就得不斷在寫論文和發表之間瘋狂衝刺，直到通過升等為止。但若考慮到**生理**警鐘也同時作響，那麼六年的時光會漫長得折磨人。雖然瑪若莉還穩居生育年齡的安全範圍內，她也對推遲育兒將近十年感到遲疑。[5]

縱使我們找到方法兼顧工作和生育，但想到要在一個價值觀與我們如此相左的社群裡養大孩子，我們就覺得毛骨悚然。我擔憂兒女會和哪種朋友一起長大，還擔心他們會因此對世界抱持哪種假設。想到我與妻子可能會看起來像贊同學校的道德傾向，或者像是與支持延續此傾向的體系共謀，這些都讓我反感。

思考這個職位的生活樣態也讓瑪若莉對自己的**職涯發展**有了深刻理解。一旦升等的鐘聲響起，她就得在狹隘的專業領域——亞歷山大大帝（Alexander the Great）之後的歷史時期的希臘傳記——裡發表文章和寫作專著。儘管她熱愛閱讀這些文本，她對於投入大量時間進行正式研究卻有所遲疑，因為這些研究的受眾極其有限。

愈是深入思考這個問題，她愈是發現，自己在杜蘭大學（Tulane）擔任的可續聘「實務教授」（professor of practice）[③]職位與她個人、專業上的抱負更契合。這個教學職位不需發表文章，所以她能專注於社區教育合作和教學方法的研發——這些活動對她居住和工作的社區帶來的影響不僅真實，還立竿見影。諷刺的是，這也是許多大學校長大肆宣揚的活動，但終身教職委員會卻視之為「可有可無」（nice to have），而不是升等的依據。

我們的討論還讓我們看到，這個職缺比瑪若莉目前工作更好的唯一優點**只有**終

③譯注：一種在高等教育機構中的教職，通常由在特定領域（如法律、工程、商業或新聞等）擁有豐富業界經驗，但沒有傳統學術背景（如博士學位）的專業人士擔任。該職位更專注於教學和應用，而不是學術研究和理論。

身教職這一項：她的教學負擔還是一樣多，薪水僅是略高而已，而且她的旅行和研究資源會減少。最後一件事尤其令人憂心。她知道，如果在最初六年內沒有至少發表幾篇文章（理想上是一本專書），將會導致「不升等」——意思就是，她會被解聘。

停下來用務實的角度思考，也讓我們發現這個職位沒有原先以為的那麼安全。這所學院幾乎完全依賴學費來營運，但該地區的人口趨勢顯示，隨著瑪若莉的職涯發展進程，這條資金流會逐漸縮減。如果學校在某位教授五十歲時倒閉，而他十五年間沒有發表過一篇文章，他該如何是好？正如一位朋友總愛說的：每個教員都是臨時缺，雖然大多數人沒有意識到這點。

簡言之，提供給瑪若莉的職缺是我稱為「終身教職陷阱」（tenure-trap）的類型。這些教職位於偏遠學校，其教學負擔相當沉重，實驗室或圖書館設備不佳，資金極度短缺，因此你沒有條件進行規模夠大的研究，也無法在另一所學校找到更好的職位。這不是在說這些工作**一定**很糟。學生可能很聰明，你可能很喜歡那裡的居住環境，或是學校的某些方面特別適合你的性格。但對於把這類職位當作跳板的人而言，它們絕對是個泥淖。而避免陷入泥淖的唯一方法，就是一開始就不要掉進去。

這段辨別期也帶來了意想不到的結果。這份工作對我們的家庭而言極度不適合，而在試圖為瑪若莉的婉拒找出適當說法時，我們才察覺自己在研究生時期，曾默默對學術職涯做出多少妥協。照亮這些陰暗角落後，我們才明白，我們兩人都不太可能從終身教職獲得想要的未來；相對地，瑪若莉的可續聘職位能滿足她的職涯需求，而且我們很確定紐奧良能讓我們繼續保有優異的生活品質。

我的工作是這項算式裡的最後一項變數。若我還想當學術人，我就得拋棄我愛的女人或我愛的城市——明白這件事後，很容易就能看出該怎麼選：我得找份新工作。

## 結論

本章提到的「辨別」，遠非過度耽溺的自我關注而已：它具有實用目的。先停下腳步並重新衡量長遠目標，你就會在自己與日常繁瑣的學術工作之間拉開距離。

這段距離提供了新的視角，能讓你將注意力從眼前工作移開，重新辨別出那份工作之所以**讓你感到快樂的要素**。

在離開學術界的路途上，探索到讓自己茅塞頓開有其必要。因為，只有在你知道自己的人生想要什麼時，才能夠找出真正可行的職涯。

## 行動項目

1. 清空行程，排出只屬於你自己的一天空檔。當天結束時，思考自己在不從事學術的這一天裡，有哪些活動或關係獲得你的關注。將這些偏好寫進職涯日記裡。
2. 回想自己在高中或大學時立下的人生目標。將它們寫進職涯日記裡，接著自問：這些目標還在嗎？還是我只是一直**擱置**它們？
3. 問問自己，如果在全世界可以任選一處生活，你會選哪。這個問題的答案會讓你明白自己的核心價值觀（環境、與家人的距離、生活步調、文化精神等）。

# 第三章　探索期

等到終於發現學術之路不可行後，手足無措的我想出一個絕望的計畫：逐一查看自己的臉書好友名單，尋找那些擁有博士學位卻沒當教授的人。選項很少。事實上，唯一符合條件的人只有丹．波特菲爾（Dan Porterfield）。我還在喬治城大學（Georgetown）唸大學時，他是我在學期間的副校長，但在我搜尋名單的當下，他已成為富蘭克林與馬歇爾學院（Franklin & Marshall College）的校長。

由於對大學內部的階級心懷敬畏——同時擔心自己可能占用上司的時間——我很猶豫要不要聯繫他。然而，除了找他之外，我覺得自己走投無路了。在某個週六早晨，我寫了封訊息，努力鼓起勇氣按下「送出」。

老實說我不奢望有回音。我已經十年沒跟丹說話，猜想他早已變得比最後一次見面時還更忙碌。各種疑慮在腦中盤旋，我甚至想到他的線上帳號可能是由助理管理的。

只過了七十六分鐘，丹就回我訊息了。他的回覆很簡短，但的確出自他手——還提議以電話聊聊。

在我們通話前的那幾天，我不斷回想丹的職涯。就我所知，他取得博士學位、拿到終身職，接著透過大學校務系統轉向管理職。開始談話後不久，我提及這件事，話題因此轉向。他很快就推翻了我的假設。

在研究所期間，丹根本就沒有全心專注在學術上。他確實是羅德獎學金（Rhodes Scholar）[1]的獲獎者和梅隆研究員（Mellon Fellow）[2]，但他在大學時就創立慈善機構，還替一位紐約市立大學（City University of New York）的主管撰寫演講稿。這讓他遠不僅是埋首書堆而已：一九九三年，他成為唐娜・夏拉拉（Donna Shalala）的資深助理。當時唐娜在柯林頓總統（President Clinton）任內擔任美國衛生與公眾服務部部長（secretary of the Department of Health and Human Services）。

在該職位上服務四年後，丹才將注意力轉回學術界。有段時間，他全心投入教學、研究和各類與獲得終身職相關的活動中。但一位老友對此另有想法。老友知道喬治城大學的策略發展部門有職缺，認為丹很適合。這人就是里奧・J・歐唐諾凡（Leo J. O'Donovan），他掌握的內幕消息幫助很大，當時他正擔任喬治城大學校長。

丹對這個機會感興趣，但該職缺和他對職涯下一階段的想像並不完全相符。他決定保守而為。與對方商量條件時，他要求自己除了擔任管理職外，還要同時在英文系保有教席。如此一來他就能繼續教學，且萬一在策略發展部門的工作不順，他還有後路可退。

① 譯注：羅德獎學金是世界上最古老的著名國際獎學金之一，旨在使來自世界各地的傑出學生能在英國牛津大學學習。

② 譯注：安德魯・W・梅隆基金會是一個大型私人慈善基金會，支持在人文學科和藝術領域的研究和教育活動。

丹從未需要動用那項權宜之計。他在新工作崗位上如魚得水，而且一路迅速升遷，最終獲邀成為富蘭克林與馬歇爾學院的校長。

但我們的討論並未止於修正他的這些自傳要點而已。針對順利轉職一事，丹還給了我若干策略性建議：努力把握任何學習新技能的機會，確保自己做的所有額外工作都獲得報酬，而且不要為了符合資格而去攻讀另一個學位。我現在需要的是實務經驗——額外的學位在這方面沒有幫助。

接下來幾天，我反思這次電話談話時，才發現自己長期以來對丹的職涯的認知，是基於我對自己職涯的期望。那個版本的他只是一道幻影。這項理解深具啟發性，且為我帶來三項寶貴的教訓。

首先，毫無根據的假設很大程度影響了我對學術工作的看法。在從前，我無法想像學術界會重視任何學術以外的事務，而我相信一個學者之所以獲得領導地位，是基於他對該領域的研究貢獻。雖然丹的研究成果**的確**大獲好評——他的博士論文獲得了歐文·豪獎（Irving Howe Prize）——但他職涯中的轉折有更多是來自於建立了實務技能、參與當代議題，並且與能支持他追求事業發展的有力人士建立起關係。

第二，透過打造自己的專業道路（而非透過傳統學術發展），丹獲得了更大的成功。我可能並非主流，但我進入研究所時，想的是透過擔任行政職位來支持學院的發展策略。我（錯誤地）假設，只有當上教授才能過上那樣的生活。丹的故事清楚告訴我們，擔任高階領導職位需要的是離開舒適圈的勇氣。

反覆思量這些想法時，我也發覺自己打從研究生時期起，就一直將認真和固執混為一談。我曾是個不錯的學者，而且——我至今仍然如此相信——也是個傑出的教師。但對研究和教學的執著讓我完全忽略了人生中其他諸多重要面向。我幾乎沒有嗜好可言，未曾付諸行動來幫助不幸的人，我在僅有的少數空暇時間裡努力把大腦關機。在當時，我把這些行為稱為「專心致志地投入學術」。以後見之明來看，這讓我變成一個非常單一且無趣的人。

說到底，我會這樣利用時間，是因為我的另一個假設：當個認真的學者，職涯就會獲得成功。在研究所裡，大家都說「好人得到好工作」。我對此深信不疑，心中相信只要為學術加倍奉獻，最後自己就會躋身於統計數字上正確的那一側。

正如我後來在短期教職工作議題上學到的，學術工作並非只給最佳候選人。每個職缺都有很多位看起來適合的應徵者，但只有一位可以獲得——並接受——這個職缺。同樣地，在諸如指導教授、申請文件、相關領域的工作是否炙手可熱等各項因素的交互作用下，申請上某個職缺看似只是運氣。事實是，有很多好人得不到好工作——或得到的工作對他們而言並不好。

與此同時，我的誤判使我付出代價。我完全只專注於古典學科，排除其他所有事情，因此錯過了發展新技能、多方交友和從事更多有趣的多元化工作的機會。丹的故事告訴我，即使在學術圈裡，專注於單一面向也不代表一定能成功。

第三，丹展現的「僕人式領導」風格是我希冀仿效的。他在晚上花時間與我聊天並不會獲得任何好處——我在想他應該寧可和妻兒聊天。但丹是我所知道最深信後輩值得指導、他人值得幫助的人。此等善意重新點燃了我，讓我希望自己能成為「為他人付出」的人：利用短暫此生來改善世界，而非退縮在自私自利的硬殼裡。

丹的職涯還證明了無私和成功並不互斥。他帶領富蘭克林與馬歇爾學院取得領先地位，招募並支持了許多第一代大學生[③]，接著又得以再度深化自己的影響力：丹現在擔任亞斯本研究所的主席，這是一個無黨派論壇，會將來自學術界、業界和政府的思想巨擘聚集在一起，聯手解決世上各種複雜的問題。

## 打開眼界

丹．波特菲爾的一席話讓我充滿希望，也刺激著我思考：只要拿出一點勇氣，我就能從大學環境中平穩過渡到新的職涯。我思索是否要參與協助杜蘭大學進行資格更新審查（accreditation renewal efforts）[④]，加入協助大學部學生申請研究所

③ 譯注：指家庭中第一個進入大學獲得高等教育的學生。第一代大學生可能面臨獨特的挑戰，例如缺乏家庭中可參考的大學經驗、經濟困難、對大學文化不熟悉，或在學術和社交方面的適應問題。

④ 譯注：指學院、大學或其他教育機構為了維持或更新其資質認證而進行的一系列工作，在臺灣稱為大學評鑑。

（undergraduate admissions）的工作團隊，或者在校長辦公室裡找份工作。畢竟有位校長認為我值得他投注時間，難保其他校長不會這樣想。

事後看來，這種想法幾乎就和我當初對丹的職涯的看法一樣天真。我正要踏入全然陌生之地，且在成功迎面而來之前，還需經歷許多學習，才撐得起我試圖展現的自信。

即便如此，天真並非全然壞事。天真會讓人滿懷期待，也感覺自己充滿力量——這兩者對長期受到學術圈桎梏的人而言，無疑是種沁人心脾的感受。當你經歷這方面的轉變時，你會明白自己正進入轉職的新階段。

辨別期能讓你鬆開學術界對個人和事業施加的網羅，探索期則是提供機會，讓你了解有哪些職涯可供你選擇。這段過程中，你務必自問：

- 你能做什麼工作？
- 你**想**做什麼工作？

● 你的工作經歷中，最明顯不足的是哪方面？

說到底，這個階段是關於開啟你對可能性的認識。等我終於做到這一點時，我已耗費十多年在人類知識的超級一小塊領域培養專業知識。若你正在讀這本書，你可能也在類似的處境裡。對我們這樣的人而言，問題在於我們用以在學術界取得成功的深度專注和全心奉獻，恰好與在學界外大展身手所需的特質完全相反。若你想跳槽，就得拋棄舊習、嘗試新事物，還要把自己打造成能取得他人信任的人，才有機會將他們所效力的組織變得更好。

## 看見更廣闊的工作世界

每一天有數十億人透過學界以外的工作來營生。這件事明顯得幾乎不值一提，但我們其實很少花時間細想其他人究竟做什麼，或怎麼做工作。因此，我們很容易搞不清自己對更廣闊的專業世界**有多無知**。

當然，我們大多數人除了自身專業外，多少對其他工作也有一些理解。若是在大學期間住校，你很可能也認識一些當律師、醫師或顧問的朋友。我自己的父母就是會計師。問題是，一知半解很危險：對少數幾個工作稍有熟悉，可能反而令你忽視兩個明顯盲點。

第一，廣度不足。即使我在轉職初期描繪出自己理解的每一種工作，以及這些工作的內容，我仍然只窺見存在於這世上所有職業的極小部分。當然，人的視野難免有限，但我們鮮少承認這件事。坦白說，除自身專業外還知悉另四種專業，其實幾乎只等於一無所知。

第二，深度不足。即使我與家人朋友熟識，自己也從未花時間與他們討論他們工作的細節。對於法律工作或報稅，我大致有概念，但對工作的真實情況及所需的相關技能知之甚少。這種失敗是我自己造成的——歸根究底，這仍然肇因於研究所時代的自我沉迷。

雖然你對學界之外世界的了解未必像我當時那樣匱乏，但我敢打賭，你的理解也不會像你所期盼的那樣精確。目前，我會推薦一個簡單的解方：對於未來可能從事的行業，以及自己可能願意接受的職涯發展，請盡可能保持開放心態。假設你**什麼**都可以做，之後還會有足夠的時間來弄明白，以你的優勢、技能和經驗而言，某種職業究竟可不可行。

我知道遵循這項建議並非易事。我耗費大量心神來平息內心的聲音——它不斷說著「你不夠格做那份工作」或「你會討厭那種工作」。但事實是，在我最初開始苦思要離開學界時，我根本沒有足夠的基礎來做出判斷。要克服轉職失敗的恐懼，你必須重新考慮先前排除或忽視的任何可能性。

話雖如此，有些選項可以排除得比其他更快。我恐懼針頭，所以針灸、刺青藝術和醫療工作不適合我。即便如此，我強迫自己（短暫地）將這些選項考慮一番。這項練習開啟了我的眼界，使我看到了原本不會考慮的領域——尤其是紐奧良當地醫院裡非醫療領域的眾多職缺。

在開始探索的同時，對探索期的長短設下限制也很重要。在要你「擴大求職範疇」之後，我知道這項建議聽起來有點矛盾。但限縮時間和限縮範疇是不同的。跨足新專業領域前需要進行棘手的前置作業，但你很容易會沉緬在學習的樂趣中，因而將它不斷推遲。相信我：我知道什麼是「充滿生產力」的拖延行為！這個陷阱很誘人，你該小心避免。

若你是研究生，或你正要開始一段長達數年的合約，又或者你是正在取得終身職途中的教授，請給自己六到九個月去探索新職涯。迎面撞來的資訊量可能大得像雪崩。若能採取緩慢且謹慎的步調，比較能挖掘出有用的資訊。

然而，很多人都承受著愈快就職愈好的壓力。請視個人情況來決定分配多少時間給探索期：首先，計算從現在到你最後一次領薪之間有多少時間，然後預留這段時間的三分之一來探索新職涯。時間壓力再大，至少也值得用幾天或幾週時間來探索。停下腳步勘察前方路徑，是為了之後可以穩健前進，並在開始申請工作時更有信心。在忙著探索的同時，你也可以開始進行接下來兩章描述的活動。[1]

## 資訊訪談初心指南

有些人可能會好奇，在不了解一門職業——或根本不知道它存在——的情況下，要怎麼去理解它。簡言之，就是去問。藉著和盡可能多的人會面請教，你會很快感覺出哪些工作可能適合自己、這些工作的日常樣態長怎樣、它們的前景如何。

這種談話通常稱為「資訊訪談」（informational interviews）。資訊訪談**不是**用來當場求職。相反地，資訊訪談是一種交流方式，讓你了解某人如何一路走上現在這個職位，因此你就能評估自己對這份工作是否感興趣。

對習於一人作業的學術人而言，資訊訪談聽起來可能很嚇人。我們之中的許多人天生內向，研究所通常又讓我們更努力避免占用他人時間——尤其是地位高於我們的人。以前我總是要搔首踟躕半小時，才敢向我的論文指導教授提出會面十五分鐘的請求。在這種心態之下，要求某人撥出半小時到一小時的工夫跟你聊工作，一開始感覺很怪（老實說，感覺很無禮）。

但學術圈外的世界不一樣。大多數人都喜歡暫時打破日常工作的單調，結識些新朋友，或談談自己。因此，資訊訪談不僅很正常，通常還很受歡迎。

如果你已習慣和陌生人打開話匣子，那你很幸運。對你而言，這個過渡階段應該會輕鬆又好玩：只要開始尋找令你感興趣的人，然後提出會面邀約即可。

對這項活動感到猶豫的人，可以先在網路上搜尋關於如何進行新聞採訪的指南。這些教戰守策會教你如何做事前準備、如何引導討論方向、如何應對突如其來的沉默——以及如何在事後統整筆記，提煉出重點。雖然調查訪談與資訊訪談的目的略有不同，但要訪談成功，所需的技能是相同的。

剛開始進行這種陌生的互動方式時，可以考慮先和你認識的人練習一次。與父母、手足或摯友坐下來，好好了解他們的工作**實際上**在做什麼。把他們當陌生人來交談，一開始可能會感覺生硬不自然，但隨著對話一來一往地展開，那種感覺就會消散。你們之間既存的關係也有助於對話進行：你不僅更容易與對方交談，而且他們對你的情況也已有所了解，因此能更精確表達出看法。

**練習**是這些初步討論的目的。一半的心力要用來習慣新的言談模式，它會在對話中自然形成。另一半心力要放在接受指導，以求改進。你在會談結束時，要請對方從他們自身行業的角度評估你的表現哪裡很好、哪裡奇怪。請引導他們評論你的自我介紹、提問、眼神交流、回應、穿著——任何他們注意到的地方。不用一次就涵蓋所有主題（例如，請母親評論你的穿著，可能會有些尷尬），但在正式開始與陌生人進行資訊訪談前，這些主題都至少應該討論過一次。

接下來，根據你收到的所有回饋來重新調整自己的行為舉止。學術圈外的人行為模式與學術圈內的人不盡相同，圈內人的專業特質有時會被圈外人視為傲慢或討厭。例如，我在學術圈內時，說起話來不僅嚴格遵守語法規則，還時常拿晦澀的古典學相關知識引經據典。在古典學界，這樣說話是無害的，因為每個人都能參與其中。但對非學術人士來說，這樣講話並不討喜。這種說話風格讓我顯得很突兀——還有更慘的——很令人不快。我可承擔不起這種後果。因此，為了新的與談者，我努力採行另一種適合的對話方式。

有人可能會語帶懷疑地說我像變色龍，但我的目的是尊重與我對話的人——讓他們覺得我們之間的談話舒適愉悅。若你的個人慣性動作或說話方式常被別人認為太怪或太學術，我會建議你也這麼做。歸根究底，資訊訪談的目的是向陌生人求助，若你表現得像是他們樂意來往的那種人，他們就更可能提供你想要的協助。

一旦完成幾次面談練習後，就該將探索擴展到陌生人身上了。可以從手邊的資源裡開始尋找新對象。也許你認識一位沒完成學位就離開的同事？從學校網站上看到某位主管的資料？或是在某篇文章裡讀到，有人在意想不到的產業裡將他的博士學位運用得淋漓盡致？他們是誰、他們在做什麼都不重要：重要的是找出那些另闢蹊徑、令你想效法的對象。

接著，找出這些人的聯絡方式，邀請他們進行一場資訊訪談。最好透過電子郵件或領英聯絡他們。你的訊息要簡潔。介紹自己、說明自己如何找到他們，還有你為什麼發這條訊息——因為你準備轉職，所以想了解他們是如何開展新事業的。絕不要超過三句話。雖然這聽起來簡短得近乎無禮，但實情恰恰相反：過多的細節是在浪費對方的時間，而他們還沒決定把時間花在你身上。以下例子可當成良好起始的參考：

凱倫：

我叫做克里斯．凱特林（Chris Caterine），在學術界工作十年後，目前正準備轉職。在瀏覽領英時，您的個人經歷引起我的注意，因此我很想向您請教您是怎麼做到的。

若您願意和我喝杯咖啡聊聊天，請讓我知道何時有空，我會傳送會議提醒給您。

感謝您

克里斯敬上

如果你對於聯絡陌生人還是感到不安，請記住，向他們請求建議，你幾乎不會有什麼損失。最糟的情況就是被拒絕或沒收到回覆而已。就我的經驗，這種回應非常少見：我聯絡的人裡，百分之八十都願意聊聊。

一些基本規則可幫助你的會議順利進行。首先，最好親自和你的對象訪談——至少一開始的時候如此。這是為了你自己好：身為新手，你能蒐集到愈多關於對方的線索愈好。從語調、肢體語言和其他非語言的信號，你可看出對方是否願意針對某個問題持續深聊，或是急著轉移話題。你愈能引導對方侃侃而談，他們就愈樂意與你保持聯繫，並在未來助你一臂之力。

其次，記住是你在要求對方撥時間給你。因此，出於謹慎——當然更是出於體面和禮貌——以實際的方式來感謝他們最好。最簡單的方式，是為他們的咖啡或輕鬆暢飲（happy hour）時段的酒精飲料買單。只要花不到十美元，別人就願意慷慨將他的工作時間撥出來與我會面，對此我總是驚訝不已。當然，對研究生和兼職教師的收入而言，有時這樣的金額仍會造成壓力。若是如此，請根據預算做安排，也請謹記此類投資將帶來可觀潛在回報——在新工作裡，你能賺的會遠超過這個花費。

若你害怕得去對方的辦公室，請客計畫也會讓你有理由約在中立的地點輕鬆會面。

資訊訪談的會面過程很簡單：自我介紹，解釋你希望從這次會面中得知什麼，接著提出一個開放式問題，問對方是如何走到他們職涯當下的位置。接著，專心聆聽他的回答，若聽到有興趣或令你疑惑的細節，就追問下去。我個人覺得寫筆記很有幫助，但我會先徵詢對方的同意。

為了確認自己適不適合某個職業，你可以設計一些問題來幫助釐清疑慮。在所有的資訊訪談裡，我都會問這兩個問題：⑴在接任目前職位之前，你會希望自己已具備哪些技能？⑵其他前輩在擔任過你目前的職務之後，都往哪個方向發展？這兩個問題讓我可以評估自己的能力與這份工作有多少差距，還會幫我了解它的未來發展性。

二〇一五年夏天，我在和一位杜蘭大學的主管面試時，才發現這種問法非常好用。當時我還很希望在大學裡工作，這條路看起來還像是條康莊大道。其實我可以聲稱自己擁有實務經驗：二〇〇七年從喬治城大學拿到學士學位後，我就一直負責面試欲申請進入大學部的學生。然而，當我問對方，她的同事在擔任招生官後，**下一步**職涯發展是什麼，她的回答令人興致全滅。大多數人利用學費減免優惠拿完ＭＢＡ學位後，就轉去做別的事了。繼續在招生部門努力工作的人，通常職務的層級都較低，直到上面有人退休——或是另一所學院出現更好的職缺——才有機會晉升。

雖然那次的面試結果令我失望，我後來卻發現，那場面試簡化了我的選項。我清楚知道自己不想再拿個學位——而且一點也不想把自己的第二場職涯拿來追求某個除非有人意外死亡或入獄，我才能更上一層樓的工作。最終，我明白那半小時的面試很有價值：它讓我發現大學招生不是我想從事的領域，我從此不用再浪費任何時間考慮這件事。

上面這個故事顯示，就算資訊訪談並未按照原定計畫進行，也仍有可能向你揭露許多關於職涯選擇的知識。你可能會接觸到一個感興趣的新領域，但也可能發現自己根本不想做某個你以為是為你量身打造的工作。這些場合很難搞砸。既然資訊訪談裡大部分都是對方在說話，你不大有機會讓對方感到無聊或冒犯。唯一需要留意的地方是別讓對話變得拖沓：如果感覺對方失去興趣，或似乎想結束對話，要主動感謝他們的幫忙，並優雅地結束這場會面——就算你們才見面十分鐘也一樣。

在訪談結束時，可以請教對方是否認識其他適合你會面的對象。這個老套的新聞採訪技巧可以自然擴展你的網絡，讓你獲得介紹信，而不用突如其來地聯絡新對象。從這個問題，你也很容易判斷對方未來有多少意願協助你：他們提供的聯繫對象愈多——或是在會面後愈快有後續追蹤的動作——你就愈應該花心思維繫這段關係。

在會面結束後的兩天內，最好再寫封信致意。不僅是為了再次道謝，更是為了提醒對方你是誰，並表達你很重視他們花在你身上的時間。但不必寫親筆信。寫封簡單的電子郵件表達你的感激，總結一下你認為對方經驗中最有參考價值的部分即可。在這封信中，你還有機會最後詢問一次對方能否介紹其他人給你認識。

你能進行多少場會面，取決於你的居住地，以及擁有多少時間能執行訪談。不過我建議平均每週至少進行一次。這個節奏能幫助你緩和緊張情緒，還能盡快克服一開始的學習曲線。

但只是定期與人訪談還不夠：你還應該深化這些新建立的關係。我會盡量在第一次會面的六到八週後再次聯繫對方。在這封訊息裡，我會告訴對方我具體採取了哪些他的建議，藉此委婉提醒他我仍然在找工作。對方有任何回應都是個好兆頭，這表明他有興趣了解你的最新近況；若他的回應頗熱情，可能代表他願意再次和你見面。把握這些交流的機會，如此一來你既能深化新關係，又不會顯得過於急切或依賴——這甚至可能促成真正的友誼。

我覺得日曆是維持理想接觸頻率最簡單的方式。每次面談後，寄出感謝信的同時，我也會設定好六週後的追蹤提醒。話說回來，你可能更偏好其他技巧。比如說，假若你用收件匣來記錄待辦事項，那可以考慮用 Boomerang 之類的工具來定期更新舊訊息，提醒自己留意它們。或者，你可以用試算表建立一份訪談聯絡人清單，善用新增欄位來安排或追蹤每一次的交流進度。

在本節中，我說明了資訊訪談會如何幫助你理解新職涯。這個方法也能幫助你了解某個領域或產業的不同面向。雖然目前你可能還感受不到後者的價值，但它對於你離開學術界的時間點可能有關鍵的影響。因此，我建議從一開始就有系統地記錄下這些訪談。

雀拉．懷特洛奇（Chela White-Ramsey）的例子說明了關鍵時刻來臨時，你該如何善加利用這些資訊。由於她知道德州奧斯汀（Austin, Texas）的科技業正在蓬勃發展，能提供大量工作機會給年輕的專業人士，於是她還沒寫完路易斯安那州立大學（Louisiana State University）的人力資源領導學位論文，就先開始進行資訊訪談。從訪談中，她得知該地區的軟體業發展迅速，應用日廣，學習與培訓的需求將會愈來愈高——正是因為對學習與培訓活動感興趣，她當初才會投入學界。

雖然雀拉明白，到了博士之後的階段，她將有機會乘浪而起，但她的獎學金也還有一學期，足夠支持她寫論文。這些互相拉鋸的大好機會令人左右為難。最後，她覺得無所作為的風險更高。在告知指導教授自己要放棄獎學金後，雀拉很快在奧斯汀的所在地——崔維斯郡（Travis County）找到一份技術寫作員（technical writer）[5]的工作。工作的第二年，她完成了博士學位。

## 檢查其他資源

資訊訪談提供了關於新工作的豐富資訊，但會談結束後還有許多事要做。回到家後，請複習你的筆記，判斷受訪者的工作是否吸引你。特別需要考慮的面向包括對於這項專業及職涯發展的整體印象，以及其中吸引你或讓你卻步的具體因素。如果沒有頭緒，不妨試著與伴侶或朋友一起討論。這類總結能幫助你釐清此次會談的心得，還能藉著外部觀點找出最讓你振奮的元素。我妻子通常比我還快看出我的興趣模式是什麼。

接下來，針對感興趣的工作，你要再向獨立的資料來源查核。像 Indeed.com、Monster.com 一類的國家級求職網站，或你所在國家的類似網站，能指出勝任某個職位所需的技能。要是你在不同公司的相近職位裡看出某種模式，你就會知道哪些是真正要緊的技能。如果這類技能或知識勾起你的好奇，請用接下來的資訊訪談向對方確認，或直接開始培養這項能力（關於後者，請參考〈發展期〉一章）。相反地，若該項職缺的能力要求很不吸引人，那你就知道自己可以繼續探索其他機會了。

你還可以閱讀書籍或部落格——會討論各行各業正在致力克服哪些問題的那些內容。許多類似的資源是由公司親自出版，或經公司同意而刊登的。這些公司是相關討論的既得利益者——因此他們就和作者一樣盼望能找出新的解決方案。如果你擔心學術圈外的工作對智性的刺激太少，這些討論文章能幫助你判斷自己能否滿足於該領域需要動用的智力。也別擔心自己的知識量不足：這些文章通常採用淺顯易懂的筆法寫就，非專業人士也能理解。[2]

你也可以透過搜尋引擎找到更多與你好奇的職業或公司有關的資訊。搜尋時，

⑤ 譯注：一種專業寫作職位，主要負責創建、編寫技術文件和說明，以幫助人們理解如何使用各種技術產品和服務。

可以試試看把訪談對象提到的關鍵字和他們描述的技能搭配在一起。通常，你會找到與特定工作相關的網站或文章——甚至發現你之前不知道、但更符合你優勢的職位。

以上各項資源都很有用，但等你將它輸入領英時，它的全部潛力才會展現出來。領英對當今的勞動市場而言不可或缺。只要動動手指，成千上萬份履歷就在你眼前展開，你能看見其他人在就任目前職位前經歷過什麼工作，以及是哪些技能讓他們能夠成功勝任。最棒的是可以按地理區域排序結果。這項功能對於身處探索期的人來說至關重要，因為你能藉此找出周遭值得你討教的專業人士。也就是說，領英是個虛擬的資料庫，能提供無窮無盡的資訊訪談潛在目標。

我就是透過這些數位資源才遇到安德魯．弗利（Andrew Foley），他是第一個促使我認真考慮轉戰商場的人。我在當地一家顧問公司的網站上找到了他的名字。根據簡介，他之前在約翰霍普金斯大學（Johns Hopkins）取得音樂碩士學位。後來，他決定不再走研究之路，離開了學術界，並贏得了為美國創業（Venture for America）

的獎學金——它是為美國而教（Teach for America）[6]的新創版本。

雖然要用「陌生聯繫」（cold contact）的方式邀請他人進行資訊訪談，我還是感覺很不安，但安德魯的故事和我太相似了，我不想錯失良機。我寫了一封短信寄到那間公司的「聯繫信箱」，詢問他是否願意和我見面。不一會兒，我的勇氣就獲得回報。當天稍晚，安德魯就回我信了。不到一週，我們已經坐下來一起喝杯飲料。接著，不到兩個月，他就說服他老闆讓我去面試。

安德魯替我安排的面試最後沒有錄取我，但它引起了連鎖反應，讓我能和一整群新認識的紐奧良人進行資訊訪談。我見了一位當地的顧問、一個學校的主管、一位獨立作業的行銷專員，以及其他人士。安德魯的聯絡人將我介紹給他們自己的朋友和同事，所以有將近一年的時間，我每週至少能夠安排一次資訊訪談或通話。這些令人振奮的發展對我產生了深遠影響：從此以後，我再也不會猶豫要不要聯繫某

⑥ 譯注：位於美國的非營利組織，其目的是縮小教育不公平現象。臺灣也有類似的非營利組織，名稱為「為臺灣而教」（Teach For Taiwan）。

個我不認識的人。

## 探索期的自我覺察

探索的過程不僅是線性的，它也是積累的。在透過會談和研究來建立各項工作知識的同時，你也應該反思每次討論過程，盡力使之更臻完美。若討論過程不盡理想，要找出原因，檢討不同的討論方式能否帶來更好的效果。若討論過程十分理想，要反思原因是出於現場的自然化學反應，還是你做了什麼機智得體的決定，才讓對話順利開展。從每次會談中吸取教訓，你就能不斷進步，而且還對各種職涯選擇有更深入的理解。

到最後，探索期的反覆練習和精益求精會造就出一股明顯的**動能**。認識新朋友、與陌生人聯繫、研究與原本學術領域相當不同的新職涯，在在都能把一度顯得生硬的行為鑄造成第二天性。不知不覺間，你會有能力在兩分鐘內寄出資訊訪談的邀請信，而且十分鐘內就準備好訪綱。若你個性跟我類似，你甚至會開始享受認識新朋友的感覺——要是太久沒有學到和新工作有關的事，還會覺得無精打采。

你還會逐漸看出自己的職涯興趣模式，這有助於更精確地把握住機會。當我發現自己對學術工作最有熱情的部分——以及我對未來的心之所嚮——交會點就在於協助組織將自身優勢和願景發揚光大時，一切突然變得清晰起來。想法成形後，我開始能將求職範圍縮小到溝通策略類的職位。這類行銷部門的工作能將組織的願景與長處轉化成清晰的訊息，並傳達給特定的受眾。

領悟了這件事後，我考慮的工作**職稱**種類變少了，但我認為可行的工作單位卻變多了。畢竟每個組織都必須向廣大受眾傳達其使命，而且大多會聘用專員來做這件事。資訊訪談讓我更清楚明白這項事實——而且理解到，溝通策略類的工作適合我的個性和背景。

雖然你和我的興趣一定不同，也勢必會和不同的對象交流，但我們得出的結果應該一樣：若將探索期納入職涯轉換的過程裡，你便能明白自己可以做哪些工作，也會發掘出自己最想追求的工作類型，還能弄懂需要具備哪些知識才能了解那些職務。

## 拓展人脈的第一堂課

到目前為止，我把資訊訪談視為探索的一種方法，而在我看來，這是探索過程中效率最高的工具。其實那還替你建立起**人脈**，對你的職涯探索大有用處。

如果你也跟我一樣，那麼你可能會對這種人際關係有點意見。我以前一直認為建立人脈是一種扭曲的行為——朋友理當建立在共享的快樂和友誼上，但這種行為卻嘗試**利用**他人來獲取個人利益。根據這種憤世嫉俗的解釋，那些汲汲於人脈的人只是為了找到工作而與人套關係，而這對那些（像我一樣）尊重正常應徵程序的人有害。

若事情真的如此發展，我到現在都還會是懷疑論者。但在投入建立人脈五年多以後，現在的我認為那不僅不可或缺，而且還會平等地為關係雙方帶來益處和樂趣。

我的心態轉變關鍵是發現到幾乎沒人能在你們初次見面時就雇用你。因此，**建**

**立人脈不是用來找工作**——至少不是直接相關。相反地，它是用來增加你在某間公司、某個領域或某個地理範圍內認識的人的數量。你認識愈多人，以及你愈積極維護彼此的關係，你就愈能敏銳得知各種具有影響力的情勢動態和考量。同樣地，他們也會愈清楚你這個人適合哪個職缺。

「如果上述屬實，」你們有些人可能會想，「那建立人脈和資訊訪談又有什麼差別？」我想指出兩項主要差異。首先，耕耘人脈是關於在求職過程中，你公開讓某人成為你的「代言人」。這個人可能是你透過資訊訪談認識的人，但也可能只是你的朋友、學界同事，甚至是親戚。第二，人脈是一種長期的關係。第二點往往是它不顯得功利的原因：人們通常只會在彼此相處融洽的前提下幫助你求職，很少有人有耐心和技巧投入幾個月甚至幾年，只為了把這種關係演得惟妙惟肖。

若能站在**每一方**的利益視角，從更高的層次去檢視人脈的意義，而非僅從求職者的視角，會更容易理解人脈究竟如何帶來工作機會。

本質上，人脈的建立可以有效連結技術擁有者（在這個例子裡，就是你）和技術需求者（即雇主）。中介者能夠使這段關係既有效率又有價值——他就是那個既認識雙方、且知道雙方能互相幫助的人。建立人脈的目標不在於直接認識雇主，而在於與非常、非常多的中介者交朋友，因為他們才能把你帶向你不知道的機會。

換句話說，在人脈關係裡，你委託你的「代言人」（或「聯絡人」）來幫你求職，從而指數性地增加自己在市場中的觸及率。我建議你同時進行資訊訪談與人脈建立，因為你的對象可能身兼二職：你得知關於新職涯的知識，**同時**你也獲得一條新的人脈。請謹守紀律，讓彼此的交流聚焦在資訊的流通——也就是說，除非你和對方比較熟了，不然**別輕易開口向他要工作**——這樣也比較容易說服他們介紹聯絡人給你。邀請同事或朋友去和某個路人學者聊聊天，並不會消耗自己的人情資本。不論如何，你在那種情境下會面的每個人都會了解到你正在求職。

更進階的人脈建立技巧是讓自己成為中介者。當你聽說某位聯絡人正打算跳槽，或正在替公司招募新人時，就把他介紹給可能對他有益的人。這種舉手之勞不只是「你人真好」而已：這代表你希望對方成功，而且你願意使用自己的人脈來實現這件事。到那時，你才**真正**還了他給予你的人情支持，而且這也會為關係建立起正向循環。

雖然現在你可能還難以想像用這種模式與人建立聯繫，但一到兩週執行一次資訊訪談能快速幫你累積人脈。不知不覺間，你說不定就發現自己可以成為別人的中介者了。

## 解釋你的轉職原因

在資訊訪談中，最好能以對方為對話的焦點。畢竟若他不開口，你無法學到任何東西。但大多數對象都會很有禮貌。他們不會想要自己顯得像霸著所有發言權，所以會找機會讓焦點回到你身上。在面談中，別人可能會詢問你的背景、你想脫離學術圈的理由，還有你對哪種工作有興趣。當這種情況發生時，請記得，對方不僅是在展現良好教養而已：先了解你的興趣和長處，他就能將你和他人脈網絡中的其他人接榫得更精確。

因此，你隨時都要準備好說自己的故事。這項建議看似理所當然又輕鬆，但當對方是學術圈外的陌生人，而你又打算請他們幫忙時，談論自己可能比你想像的更困難。我還記得第一次有人問我為什麼要轉行時，我的回答糟透了：

這個嘛，我在杜蘭大學的合約要到期了，意思是到了今年底，就算系上想留我，他們也得讓我走。雖然我寫完博論時，大家都說就業市場很慘澹，但過去兩年在我的領域裡情況更糟。二〇一四年的時候我還有過一次終身職的面試機會，但最近兩個季度裡，連一次也沒有。

我跟太太也打算生小孩，但教授薪水不夠養家——尤其是萬一我們為了工作不得不分隔兩地的話。但我們在研究所的時候已經遠距離五年了，所以不想再來一遍。

總之呢，我知道我的工作表現很好。我一直覺得應該有辦法把我的專長運用到教室以外的地方——但還不知道該怎麼做才好。

我們一項項分析這樣的回答糟在哪。首先，我的回答裡沒有任何正面內容。我從一項負面事實開始，用一項負面事實結束，中間還夾著各種負面因素。這些回答也只繞著自己打轉。我提到了某些對我產生影響的作用力，但也只顧著說自己因此吃了哪些苦頭。

就算這種描述確實反映了我當下的感受，也不代表我應該大聲張揚。雖然自溺式的抱怨感覺像某種療程，但別人沒辦法有意義地加入你的對話。坐在我對面的女士還能說什麼來安慰我呢——更別提她能做什麼來減輕我的負擔？她不在學術圈工作，對圈內百態的理解僅止於我說的那些事。

更慘的是，她是為了建立人脈才和我見面的。當時我才剛開始進行資訊訪談，換位思考的練習不足，沒有想到**對方**會希望這場會面帶給她什麼收穫。如果我經驗夠老道，我的回答可能會展現出具有前瞻性的興趣，甚至是我能運用在新職場的正面技能。只可惜，她獲得的答案是我自認聰明的自吹自擂。

即使在當時，我也清楚意識到我沒有把自己的轉職來由解釋得很好。雖然木已成舟，但我發展出了更簡潔的回應方式，後來也持續運用在後續的訪談裡：

> 我在二〇〇七年開始讀研究所當時，學術生涯看起來是「中風險，中報酬」。但自從經濟衰退以來，它變成了「高風險，低報酬」。一旦看清楚這種動向，我就知道我得做出改變。

我猜你會同意這個版本比較好，但我們來分析原因。首先，我的新答案說了一個故事。有場景，有危機，且至少朝著解決問題跨出一步。我還將焦點限縮在「我如何**回應**外部力量」，而非「外部力量帶給我什麼**感受**」。這些要素讓故事變得淺顯易懂——還提供了合適的切入點，讓人可以開啟有意義的交流。

第二，我採用新的框架來描述轉職的原因，因此學術圈外的人也能理解。比起就業市場的蕭條和短工生活的負擔，我把重點放在風險和報酬上。這種概念既是日常生活的一部分，也是商業世界慣常使用的觀點。同樣地，修訂版的故事聽起來非常合理：大家都知道二〇〇八年經濟不景氣，所以學術界也遭遇困境並不令人意外。在我看來，最後一項元素是這個故事的最大亮點：它邀請對方將自身走過的經濟衰退經驗與我的經歷相互連結。

第三，我迅速切入正題。既沒有笨拙地探討自己優柔寡斷的選擇，也沒有浪費時間對他人的決策進行心理分析。雖然這個版本未必反映出我全部的真實處境，但也沒人說我應該要全盤托出。事實上，我從資訊訪談——以及我目前的工作——學到，大多數人期望對簡單的問題有簡單的回答。想知道更多細緻差異或細節的人會再追問。

一個小小的觀點轉換，讓我修正出更簡潔、動人的敘述：我不是要傳達**自己**對轉職的感受，而是要突顯那些**對方**可以有共鳴的細節。這種出發點讓我既能回答對方的詢問，又不會陷入瑣碎難解的資訊裡。而且簡潔還帶來一個額外好處：我能盡快將話語權交還給對方，這樣他們便能將對話引導至他們最想談的部分。也就是說，就算他們問了一個關於我的問題，我仍將焦點保持在他們身上。

當你不斷把「電梯簡報」⑦精煉得更符合需求和自身個性時，請記得，每換一個聽眾，你的訊息就要有所變化。這條準則是古代修辭學的基礎——身為一名古典學學生，我對此非常了解。即使如此，我一開始也很難實踐它，因為那就像是在見人說人話、見鬼說鬼話。古典學的另一教誨讓我克服此種顧慮：客觀事實不容改變，但敘事者在敘述故事時，永遠都需選擇自己要呈現或省略什麼。我的建議是，做選擇時要考慮到對方。

採用這條準則時，若能從對方可能具備的觀點或知識來反推，會頗有幫助。在坐下聊天之前，至少要在領英上對他們做些研究，並試著推斷對方的參考框架。若他的背景是商業，就用機會、風險、利潤等術語和他交談。若對方是慈善機構的負責人，就把你做過的事和公共利益、社會阻力、改革的需求相連結。當然，你不該誇大其詞或講出讓自己彆扭的隱喻，但也不要因為這種對話是刻意要與對方取得共鳴而退縮。說到底，你是在試圖說服他們。想實現這個目標，就要從使用他們的語言交談開始。

## 堅持下去

與人會面、維持關係，並一次又一次重塑自己的故事，確實很辛苦。數週或數月後，這些活動可能變得沉重繁瑣。到了某一天，你可能一想到又要訪談就反胃，因為你其實只想好好休息。

我強烈建議你抵抗這種衝動。

二〇一七年初的那幾個月我蠟燭多頭燒：忙著進行資訊訪談、每週幫朋友的企業工作十小時；除此之外也寫部落格、為兩家慈善機構做志工，還努力求職——然後還要教三門課。就算在當下，我也知道這種步調不可能持續下去。

當麥可．齊姆寫信來說自己四週前替我寫的介紹信漏寄了某位同事時，我簡直恐慌發作。他保證我會喜歡那位聯絡人，我也知道這通電話可能對我的職涯有利。

⑦ 譯注：一種簡短、精煉的陳述方式，目的是在非常短的時間內（例如乘坐電梯的幾秒到一分鐘時間內）有效地介紹自己、一個想法、產品或服務。

即使如此，我還是忍不住想找藉口婉拒。我想起幾個月前，我向那位聯絡人的公司投過履歷，卻毫無下文，而且推薦人還是我大學的朋友。再說，我正在緊鑼密鼓和一間紐奧良公司面試，也覺得自己的錄取機會頗大——雖然我對那個職缺的感受有點複雜。但就算是在那時，我也知道這些藉口是怎麼回事：我想說服自己資訊訪談只是在浪費時間，因為我真的好想休息。

雖然不情願，我還是逼自己聯繫對方。內疚感是一大驅動力。麥可特別把我介紹給他，而且在發現差錯時盡力追蹤補救。就算麥可不會發現我取消電話會議，但那麼做仍然辜負了他為我投注的時間和心力。當下我也明白，人們的人情資源是有限的，不可能無限制把你引薦給其他人。若我取消那場會議，以後麥可就更難請求對方協助來自學界的求職者。我沒辦法不去想最後這一點：我想要做出符合自身利益的行為，這無可厚非，但我無法接受這種行為可能會傷害其他也在努力轉職的人。

萬幸中的萬幸，我做了正確的事。麥可的聯絡人很快把我引薦給他公司裡另一個待過學術界的同事——事實上，就是他雇用了麥可的聯絡人。那場通話很順利，而且在不知不覺間，對方已經開始考慮給我這份工作，也就是我現在做的工作。

## 與學術圈外人交談

和非學術界的人交談，還有一個面向我們尚未提及。事實上，這可能是你最該學的一課。當你和其他領域的人說明自身經歷時，你得變得非常地懂得說重點／東加倍地說重點／說重點。

其他領域的專業人士常常批評學者說話拐彎抹角，繞了半天還沒講到重點。很遺憾向各位報告，他們是對的。在現職工作了四個月後，我回去參加古典學的年度學術研討會。在現場，我才發現極少講者有辦法指出自身論點的重要性，大家總是繞著次要問題打轉，反而較少關注本質性的問題。我深感震驚。我竟然在自己專業領域裡的小組會議上感到無聊。

經過反省，我意識到學術界對話模式和其他圈子相比，差異竟如此之大，這是很有原因的。研究機構存在的意義，便是給聰明絕頂的人近乎無限的時間，就某項議題的方方面面進行理解。這種投資使得研究有價值：只有當學者對研究的對象如此精熟時，才可能發現新事物。這件事的反面是，學術文化要求研究者展示所有的工作細節，以證明你的貢獻是「新」的。在展示這些學習過程時，論點便可能隱沒。

在其他領域，人們並不是用這種時間尺度或假設來推進事務。做決定前永遠不會有時間把議題的每個面向研究透徹；在龐大組織中，負責做決策的人必須依賴下面的人幫他剔除雜訊。此種環境裡，冗贅資訊不僅是浪費時間而已——它還讓人無法全心執行其他要緊的職責。因此，雖然你仍要透徹理解自己責任範圍內的內容，但大家主要是根據你能否將資訊去蕪存菁、理出優先順序，來評斷你的能力。

從學術模式轉換到非學術模式並非一蹴可及，而探索期的次要目標就是建立起所需的思考和言談習慣。在探索新職涯的同時，你也應當學習以新的受眾期待的方式來溝通。幸運的是，有個簡單方法可判斷你是否繞了太久才講到重點——至少適用於寫作方面。在一份文件中，若你第一次提到結論的位置是在最後一行，那你就不算成功。相反地，你應該把希望讀者記住的關鍵訊息寫在最前面，然後用最少的細節來加以佐證。

商業上，這個程序的標準縮寫是 BLoT：Bottom Line on Top（重點先行）。持續做到這點，就可避免收到 tl;dr ——too long; didn't read（太長；沒看）的回覆。

學習講重點這件事讓我受益匪淺——我想用兩個理由來說服你也這麼做。首先，這樣寫的成效很好。不管你喜不喜歡，大多數人不會讀一份文件上的每個字；其實他們通常只讀前三行。將關鍵資訊放在前面，能讓耐心較少的人更有機會讀到重點，而其他想知道細節的人仍可以從頭讀到尾，獲得完整的理解。用這種順序寫作，沒有人會被排除在外，你只是為那些不愛長篇大論的人做出調整。第二，這種寫作模式很有效率。以結論起頭，你的讀者會知道後續資訊的走向，這能幫助你——以及他們——專注在能支持主要論點的細節上。

重點先行的寫法能輕鬆治好冗言贅字。練習後你會更擅長優先處理關鍵細節，甚至連講話也如此。慢慢地，你聽起來會愈發像你未來的同事，而不是個學術咖。

## 將探索期的收穫學以致用

我想用另一個故事來結束這一章。雖然這件事發生在求職後期，但出於兩個原因，我把它放在〈探索期〉這一章。第一，它說明了你在積極求職時，資訊訪談能如何幫助你更自信地展現自己。第二，當工作機會終於來臨時，探索期累積出的觀點能幫你選出**優質的**工作，而這個故事即說明了這項教誨。

當時已是我的訪問學者合約的最後一學期，我開始感到慌張。我已經見了很多人、採納各種意見、做盡各種事情來充實履歷。每個人都說我很快就會找到工作，但紐奧良的就業市場對年輕的專業人士來說十分艱困。自從夏天起，我就再也沒有收到面試邀請了。事情來到了最後關頭。我快要失業了。

隨著我對自己博士學位的信心逐漸蒸發，我的自豪感也消失無蹤。不管找到了什麼職位，我都申請。法律執行助理？「履歷給你！」貨運物流公司的辦公室職員？「我住超近，絕不會遲到。」啤酒推廣員？「我已經自釀啤酒四年了，這個工作應該可以吧。」雖然不是每個職缺都很吸引人，但我想我是在轉行，就得從基層開始。有些職缺真的是最基層。覺得啤酒推廣員聽起來很有趣？那只是幫賣場裡倒試飲酒的人取的好聽職稱。

在我海投的茫茫職海中，有一個職位抓住我的注意力。一家全國性的保險公司正在徵行銷，但他們不接受電子郵件應徵；你得直接打電話。這項要求很特別，我想試試看也無妨。我打了電話，留下自己的姓名與聯絡方式。

人資很快就收到訊息了，而且在看過我的履歷後，他們邀請我參加面試。我欣喜若狂！四個月來，第一次有人考慮用我。

考慮到工作性質和我在電話中被篩選的方式，我猜這個職位是銷售方面的。所以我用準備資訊訪談的方式來做面試準備：回顧自身經歷，從中找出可能會引起目標受眾興趣的小故事。我的自我介紹很簡潔。我聲稱老師很適合做銷售——尤其是那些有能耐把無聊主題講得很刺激的老師——還有，我具有和紐奧良多元族群深度互動的經歷。最後一項可能有點誇大，但至少我可以說自己和杜蘭大學的學生相處融洽，和自釀啤酒俱樂部的老自由主義者稱兄道弟，還跟各領域的學者都合作無間。

很顯然我選對了正確的語調。第一場面試超級順利，兩位面試官迅速邀請我繼續參加第二場、第三場和第四場面試。他們從頭到尾都很坦率：他們確認這是份銷售人壽保險的工作，並表示它雖然不適合每個人，但對於適合的人來說，它能提供優渥的生活條件。四場面試實際上是為了讓雙方評估彼此是否合得來。其他的徵兆看起來也都很正面。招募我的那個人也在高中教過幾年書，直到後來——和我一樣——更高的薪水吸引他轉行。他加入公司後，甚至在一、兩年內就升職了。當這個細節引起我的注意時，他暗示我或許也能遵循相同的軌跡。

這次工作面試也是我感覺最自然的一次。我們互相打趣閒聊，從輕鬆的對話順利轉入嚴肅的話題，大致建立起正向的關係。在其他面試裡，我都緊張多了——緊繃的情緒讓我看起來猶疑不決，但成功通常取決於自信。然而，這一次我覺得很自在。我和兩位面試官平等地對談，他們似乎對我所說的一切都很感興趣。

但請別忘了：他們是人壽保險銷售員。他們很擅長讓談話對象放鬆——而且只要對方還有心跳，他們都會考慮合作。

隨著面試的進展，這種態勢變得更明顯。第一個警訊是他們拖到非常後面才討論薪水和佣金。等終於來到這個話題時，他們花了一小時堅稱他們用來獎勵高績效者的系統極其簡單，這個系統包括多個佣金率，分為幾個層次，基於你在某一個月的銷售量和你賣出的保單獲得續約的年數，以及當達到某些月銷售門檻時啟動的一次性支付。到最後，我犯了一個錯——試圖做出總結：「所以沒有固定薪水，這份工作完全是按佣金計算的。」他們迅速駁斥這個說法：每個月確實**有**基本薪水——只是在你達到一定的銷售量後才開始發放。我不是會計師，但就連我也看得出這種計算方式不對勁。

在金融商品銷售產業工作的親朋好友也警告我別去做人壽保險。一位對我知之甚深的朋友很堅持我太聰明了，不該做那一行：不只因為他認為這太浪費天賦，也因為他知道我一定會覺得無聊。

他還向我解釋，保險銷售初階人員的徵人策略，說好聽是很可疑，說難聽是幾近於掠食。運作方式如下：你一旦被錄取，他們立刻會要你動用人情壓力，向家人、朋友、同事或任何你夠熟的人推銷保險。初期銷售成績會為你帶來一份體面的薪水——這就是誘餌。然而，幾個月後，大多數人的人脈已經用盡。到這個階段，你的佣金會急劇減少，除非你能開發陌生客戶，說服他們買單。大多數的新人做不到，所以新人多半會離職。接著就是關鍵：你一離職，就再也拿不到親朋好友的保單佣金；相反地，錢會進到當初招募你的人的口袋。

到這時，我也累積了夠多資訊訪談經驗，知道自己該詢問職涯發展。保險提供的選擇有限：若非銷售保單，那就是管理推銷員。唯一的替代選項是轉行做其他類型的銷售。若這些選項對你來說有吸引力，那沒什麼問題，但我的兩個性格特點讓我很確定，這份工作長遠來看不適合我：我不擅長召開銷售會議，更不擅長成交。

我明確察覺自己被拐的時候，是在面試官露出馬腳時。在最後一次面試中，他正式提出了工作邀請，並說會在週末後打電話來看我是否接受。接著是一陣沉默。他們說實話，我沒有太不高興：我對這份工作有憂慮，而且認為他們也感覺到了。他們如果先放棄我，我也省了開口拒絕他們的麻煩。

三週後，電話響起。招募我的人在另一頭問我接不接受這份工作。我禮貌地說我得拒絕——但有給他機會了解我為何拒絕。最大的問題在於沒有底薪。對我來說，公司給予底薪保障，用意是展現對員工的信任，相信你有能力表現優良。三十一歲的我不願意在一份本該促進雙方利益的協議中，成為獨自承擔風險的一方。

聽完解釋後，對方的回應讓我永誌難忘：「上次你來面試的時候，我們有說過這份工作不是百分之百抽佣制。你是忘了上次的話，還是根本沒聽懂？」

嗯，好喔。在那一刻，我才知道他們到底是怎麼看待我，我也很確定自己的疑慮確實有道理。所以即便沒有其他已錄取的工作，我還是謝謝他花時間打來，然後掛了電話。我當然很緊張，但那時我已經重新獲得前進的勇氣了。畢竟如果通過四次面試都沒有重振我的自我價值感，至少拒絕某個侮辱我的人肯定有。

無論如何，學術圈外的世界瞬息萬變。才兩個月後，我的老闆就給了我現在這份工作。

## 結論

在轉職過程中，探索期是你理解學術圈外世界的關鍵階段。正如貫穿全章所討論的內谷，資訊訪談能有效協助你達成任務。它有助於你熟悉各式各樣的職業、檢查履歷上有哪些弱點，最後在你向廣大世界自我推銷時，帶給你底氣。

即便如此，光是了解各種工作、認識一大堆人，並不足以轉職成功：你還需要向潛在雇主傳達你的優勢和價值。這需要一系列的新技能——你在下一階段要努力培養的重要目標。

## 行動項目

1. 找一個與你出身相同領域、但已離開學術界的人，安排第一場資訊訪談。
2. 練習寫更短的電子郵件，開頭就直接提出重點，只提供絕對必要的資訊。
3. 構思一個二十秒版本的「離開學界的理由」，且要以積極正向的方式闡述。

# 第四章 解碼期

二〇一六年早秋，人脈裡的一位聯絡人幫我在當地一間顧問公司爭取到一場面試。我把這間公司研究透徹、排練怎麼講那些應該能引起對方共鳴的故事，再穿上帶有商務風格但又不過分正式的衣著。我知道這份工作對我而言有點挑戰，但我有信心能留給別人好印象。我懷著好心情抵達面試現場，覺得求職之路終於要走到終點了。

但我又以失望收場。面試開始不到兩分鐘我就失去話語主導權，而且再也沒拿回來。每次我試著展現轉行的決心，執行長就開始用他假設我想做的工作類型——**學術**工作——的相關質疑來轟炸我：在圖書館埋首書堆、獨立作業、不設截止日期地悶頭苦幹。再怎麼絞盡腦汁的回答都無法讓我脫離險境。雖然對方對我有趣的背景和明顯的聰明才智發表了評論，但他看不出我的才能跟他的事業有何關係。我甚至得不到一般工作面試的標準流程：還沒離開現場，他就說我不適任。

三個月後，同一家公司又開出另一職缺。執行長再度撥冗與我面試，也再度只把我視作學術咖。他客套地說我們以後還有機會共事，但經歷兩次面試後，我一點把握也沒有。他顯然不買我的帳。

這些經驗迫使我重新檢視自己的做法。雖然我覺得自己準備好離開高教界了，但那種程度的渴望顯然還不夠。我的自我介紹裡有某個部分仍大肆流露出「學術咖」氣息——對雇主來說這是不可忽視的警訊。

面試結束時，我做了唯一可做的事——謝謝執行長為我撥空，然後自己下定決心，以後一定得做足準備，要成功傳達出學術經驗的價值和它與工作的相關性。當然，難的是弄清楚到底該怎麼傳達。

## 讓學位為你加分

很多雇主會被你的博士學位吸引，但他們通常對你的工作表現抱持懷疑。轉職的第四階段，你的目標是解碼自己的學術技能，並翻譯給圈外人聽。一如以往，這個階段會需要你回答一系列問題：

1. 非學界人士為何該關心你的學術經驗？
2. 你的學術經驗如何為一個組織增值？
3. 向新的受眾說明你過去的工作，用什麼方式最好？

這個階段延續了你在探索期的種種努力。藉著將焦點從自身轉移到他人身上，以及用他們重視的語彙描述你的才能，你就可以將高等學位從枷鎖變成舞台。

## 「條件超標」陷阱

找工作就是自我推銷。若想成功，你必須呈現出一個符合資格、條件亮眼的自己，向對方表明你是誰、你能帶來什麼，以及你和其他應徵者有何不同。

在面試時，「做初階工作的話條件太超標、做高階工作又不夠資格」的觀念，可能會是你遭遇的最大挑戰。這把雙面刃深深威脅著大多數脫離學界的人。若不想踩雷，你需要知識和靈活變通：一旦理解這種觀念如何產生的，以及為何如此普遍，你就能巧妙閃避雷區。

研究所將學者訓練成「專才」（subject matter experts，縮寫為SMEs）——在特定領域擁有深厚知識的人。專才通常負責處理特別需要關注、或超出初階工作者知識範圍的問題，並為公司或計畫團隊提供建議。例如，一家軟體公司打算為某國際銀行設計財務系統，他們需要將銀行的內部流程數位化，以遵守銀行營運地區的監管要求。因為軟體開發工程師對銀行法規不熟，他們便會尋求專才協助編寫程式，以便符合法規。

如果你頂著博士學位畢業，大多數人會視你為你主修領域的專家。你面臨的挑戰是：不論是維吉爾（Vergil）之後的羅馬詩歌知識，或十八世紀法國小說中的性別建構，學院之外沒人知道該怎麼將這些知識變現。連科學家也不能安然豁免：雖然名義上而言，你的技能可以運用在業界，但由於研究所將專業過度分化[1]，許多人在應徵時仍面臨偏見。

試圖說服學術圈外的人重視你的研究成果，可能是一場注定失敗的戰鬥。回到上述例子，一間軟體公司不會雇用熟知國際銀行法的專家來寫程式。就算寫得了程式，她也不太可能是最恰當人選——至少站在人資的立場看是如此。很顯然，去反駁這種立場沒什麼意義。

要擺脫這種簡化的思路，有個方法是說服大家你**不**是專家。我在下文會詳細討論如何轉化你的學術經驗，但現在你只需知道一句簡單的箴言：強調你**如何**研究，而不是你研究**什麼**。

專注在方法論上的話，可以輕鬆達到目標。每個學術領域都有其獨特的解決問題的方式——身為一名擁有高等學位的人，你能純熟地使用自身領域的工具來理解、分析和統整原始資料。[2]你可以強調你用什麼統計理論來處理歷史數據，或採用什麼策略來檢驗科學假設——比起你的研究主題，一般人對這些會更容易理解（也通常更感興趣）。

你也可以談論各種與學術工作有關的活動。你可能主持過計畫、主辦過會議或帶領過委員會——這些都涉及在截止期限內有效地分配並完成工作。學者通常將這些技能視為理所當然，因為它們是通往教職的必備條件。要是沒在求職環節裡提及這些事，那就大錯特錯了。這些才能很有價值，但你若沒說，潛在雇主不會知道你擁有這些能力。

同樣地，多年來在年輕學子、同儕和行政單位之間打交道，你幾乎肯定也擁有一系列的「軟實力」，能在各方利益中周旋，把眾人安撫穩妥。[3]向學術圈外人展現自己時，你可能不會優先強調這些特質，但你必須讓對方知道你擁有豐富經驗，能和相關產業中地位低於你、與你同等位階，或高於你的人合作。

有些人天生擅長將他們的學術經歷歸結而論，還能充滿熱情和信念地傳達自身長處。例如，麥可・齊姆就有能耐走進一間辦公室、要求見執行長，然後說服他給自己一份工作。無可否認的是，這種方法很特殊——而且仰賴某些人格特質。麥可的成功靠的是他說服新老闆相信，他能為公司日益擴張的團隊帶來獨特視角，因此能幫助他們以不同於競爭對手的方式解決問題。他百科全書式的歷史知識和迅速讀懂場面的能力，也讓老闆更加下定決心：雖然尚不清楚麥可究竟能為公司做什麼，他還是毫不猶豫邀請麥可加入團隊。

其他人在試圖放大學術經驗的吸引力時，會選擇更熟悉的路。如今有許多專業的協會、企業和社會企業出資成立「銜接獎助金」（bridge fellowships），幫助學術人才轉換到其他跑道。這些計畫的好處之一是申請過程和學術圈內各種申請手續幾乎一樣。另一個好處是遴選委員通常包含有學界經驗的人士，因此當你在解釋自己的學術技能如何轉移到新產業時，他們能理解你。

這些計畫看似完美的學術圈出口，但有個問題：它們通常就和終身職一樣競爭激烈——甚至更搶手。由於申請這些獎助金需與其他所有前景堪憂的學術領域（亦即絕大部分領域）人才競爭，因此你脫穎而出的難度可能高於取得終身職。

我在這方面的經驗好壞參半。我的申請從未進入面試階段，但每一次申請都幫助我探索更多潛在的職涯機會，也讓我更了解有哪些組織我可能感興趣，而且我的學經歷與之相符。我會建議你抱持類似的心態。若某個獎助金與你的背景、興趣或個性十分符合，那就努力申請。但別只因為申請的格式看起來令人心安，就花很多力氣把自己塞進不適合的框架裡。因為機會成本很高，但成功的可能性非常低。

想將學術經驗轉譯成新的受眾理解的語言，更可靠的方式是寫一份有效的履歷（résumé）。因為履歷和你所熟悉的學術履歷（curriculum vitae，簡稱CV）不同，在解釋如何把學術履歷轉譯成履歷之前，最好先概述一下兩者的區別。[4]

在學術履歷裡，你會列出所有的專業資格和成就。它的結構很嚴謹：教育背景、工作經驗、出版品。雖然在申請特定工作時，你可能會根據需求調整學術履歷——例如，將研究和教學部分的順序對調——但它的組成基本上是固定的。因此，求職信（cover letters）在學術職申請中扮演重要的角色。它讓你能確認收件人是誰，並且突出那些與申請目標尤其相關的學術履歷細節。

根據定義，履歷會經過更多的篩選。它是一份說服用的文件，藉著強調相關技能和成就來解釋為什麼你適合某份工作。在今日，履歷通常是單獨提交的，或者在以電子郵件提交的情況下，附上一至兩段的簡短文字說明。學術履歷和履歷的差別甚大。你很少有機會帶著對方逐項閱讀履歷，因此履歷本身就要能夠指引讀者看見重要資訊，藉此說服對方願意進一步與你聊聊。

本章提供了一種履歷的模版，能適用於多個領域。當然，你仍須留心。在將我提供的模板應用於特定工作之前，請先閱讀關於該行業的各項建議——並搜尋來自這些行業的真實履歷，當成你那份履歷的參考。不同行業有不同的期望，你一定要向對方提供**他們**所需的資訊，他們才有辦法考慮你的適才性。這方面的研究不該占去太多心力。使用領英調查別人如何塑造他們的專業形象，然後聯繫人脈裡的聯絡人，請他們針對履歷撰寫過程中的各版草稿給予建議。

## 如何寫履歷

先寫姓名。字級放大，放在頁面右上角，這裡多數是英文讀者第一個會看的位置。名字下方緊接著一段關於自己的簡短描述，要用非技術性語詞陳述你會為這間公司帶來的價值。最棒的摘要都很省空間——最短半行即可，最多不要超過三行。

這個開頭必須抓得住讀者的注意力。要強而有力。專注於大局，而非列舉冗長的相關特質。例如，說自己「協助組織準時完成計畫」就比「身為訪問助理教授的克里斯在極短的準備時間之下進行教學、設計課程、安排計畫及進行研究」。

在摘要下方或頁面右側的窄欄中列出技能「關鍵字」。這種格式很吸引目光，而且更好讀。把焦點鎖在和你申請的職位最相關的特質或知識技能上，依照職缺工作描述中提及的關鍵字來排序。若不確定對方最在意什麼，那就把你的技能從最強、最有區別性的排起，一路排到最弱、最普遍常見的（意即，將「作品獲得出版」

排在「擁有基礎 Microsoft Office 知識」之前）。

用例子來說明，能清楚看見上述通則可以如何落實。在一三九頁，我會提供前學術人士實際履歷的文字，並分析其中最有效的元素。我先野人獻曝自己的摘要：

克里斯能傳達清晰且引人入勝的訊息，幫助組織更有效對外展現優勢和願景。白天，他是一家國際顧問公司的溝通策略師和寫手；晚上，他為學界人士提供轉職諮詢服務。他曾在高等教育界工作十年，擔任臨時教職權益的倡議者，以及羅馬史與羅馬文學的教授。可向他提出關於下列幾點的問題：

- 策略性訊息傳遞
- 說服式寫作
- 提案撰寫
- 人脈建立

在撰寫這段介紹時，我使用簡單、不含專業術語的語言來彰顯我為組織帶來的價值。我從自己能向更廣大的受眾描繪願景的能力談起，藉此將自己定位在銷售和行銷領域人才。第二句話將我的經驗更精確定義為溝通策略師、寫作者、職涯教練。對稱的結構（「白天……晚上……」）傳達出我在企業環境和一對一私人諮詢中都能有所發揮。最後，在介紹自己的學術背景時，我將服務性質的工作擺在專業領域之前。這樣一來，讀者的注意力可集中在容易理解的活動上（倡議），而不是他們不熟悉的學科（羅馬文學）。因此，我呈現出的是一位通才，而不是特定領域的專才形象。

摘要後的列點讓只瞄一眼的人可以掌握關於我的關鍵資訊——並檢查我是否符合他們的徵才條件。用這種方式架構摘要還有一項好處：我可視對象增加或縮減項目符號。收錄在這本書裡的版本強調了我在商業機會拓展方面的工作，但在個人網站上，我羅列了更多關於職涯教練的細節。

對於這份摘要，我最大的批評是它太長了。即使我將它減省到只有三句話，篇幅也還是超過四行。分號的使用也不太理想。這個標點符號很少在學術圈外出現，因此可能降低讀者的閱讀速度，尤其對那些不確定分號怎麼用的人而言。事後來看，我可能會選擇一個更短的標語，然後在技能列表或工作經歷中提到其他概念。

麗姿．瑟格蘭做到力求簡潔的方式是完全省略摘要。她將自身經歷精煉到四個項目符號內，以實事求是的手法說明她為何會是優秀的記者：

簡介

- 南亞及東南亞文化、歷史、政治及女性議題專家
- 高效的寫手及發言人
- 多元的專業經驗；擅長團隊合作及領導
- 具有在法國、比利時、新加坡、印尼、印度、英國及美國生活與工作的經驗

這份列表簡潔了當。它陳述了麗姿的知識領域、技能組合和經驗，但沒有誇大她的背景。儘管其形式近乎直率，但不可否認它非常有效：讓麗姿獲得第一份非學術工作的履歷，用的就是這段開場白。

將二〇一一年的那段文字與現在麗姿個人網站上的簡介進行比較，能獲得許多啟發。雖然網站上的簡介無法當成履歷的**模板**，但它高效**框架**出學術經驗的手法是你可以模仿的：

伊莉莎白・瑟格蘭（Elizabeth Segran）是《快公司》（*Fast Company*）的資深撰稿人，她的作品散見於《大西洋》（*The Atlantic*）、《外交政策》（*Foreign Policy*）、《外交事務》（*Foreign Affairs*）、《國家》（*The Nation*）、《新共和》（*The New Republic*）、《高等教育紀事報》和《沙龍》（*Salon*）等多家出版物中。她的著作《河流之言》（*The River Speaks*）在二〇一二年由企鵝出版社（Penguin Books）出版。

> 她在加州大學柏克萊分校（University of California, Berkeley）獲得了南亞和東南亞研究領域的博士學位，尤其專注於婦女、性別和性取向研究。他是印度專家，曾投入十年時光專研其歷史、文學、文化與性別面向。
>
> 她在布魯塞爾、新加坡、雅加達及倫敦等地長大，後搬至紐約就讀哥倫比亞大學（Columbia University）。她目前和她的書籍、丈夫與女兒定居於麻薩諸塞州劍橋市（Cambridge, MA）。

這份簡介充分介紹了麗姿的過往，卻不流於直白。介紹文字從當下工作逐漸觸及個人背景，含蓄解釋了為何她是一位值得信賴的作家與評論家。

在第一段，麗姿就以一連串具有公信力的出版單位來替她的作品背書，效果很吸睛。此處的重點策略是**展示價值**。就算網站的訪客只讀這段介紹，他們也會知道麗姿是傑出的作家與記者。她的專業成就已擲地有聲。在你獲得非學術經驗之前，這種方式可能行不通，但你仍應在履歷的一開頭就表明自己能為這個組織帶來何種價值。

在第二段中，麗姿陳述了她的學術經驗，但沒有過度渲染其與目前工作的關聯。對像你這樣的人而言，此種拿捏極其關鍵。你若想顯得足以倚重，必須暗示自己能做哪些工作，但又不一口咬定自己對每件事都了若指掌。麗姿的做法是強調自己花了十年分析印度文化元素（歷史、文學等）如何互動交融。此種技能對記者而言至關重要——儘管麗姿從未明言。

第三段生動描繪了她在不同文化與地理環境中流轉的生活，接著轉而描述讀大學、為人母等普遍經歷。麗姿給人的印象是有趣又親切，就像你在雞尾酒會上希望遇到的那種人。綜合來說，你會覺得自己彷彿已認識她了，雖然她只花不到一百五十字就留給人這種印象。

在寫自介摘要時，別擔心它不夠完美。並不存在一種「正確」讓摘要脫穎而出的方式——隨著時間過去，你呈現自己的方式也會改變。相反地，要試著符合目標職業的期望，避免給人一種專家的印象。就算在這些方面的表現差強人意，你也能增加人資主管認真考慮你的機會。

一完成開場白後，接下來就該列出相關的工作經驗。請從最近一份工作開始列起，接著一路往前回溯。在每一項工作下面，列出二到三項在該職位上的成就。只列出那些能展現你如何思考、工作，或你的能力所在的工作，讓雇主知道你的價值和獨特性。若你有教學助理經驗，要列在這個區塊，而非列在教育背景裡。如此一來，讀者才不會以為你是在研究所裡**修課**。

請永遠記得以目標受眾能共鳴的方式描述自己的成就。在我的學術工作這個小標之下，我再也不說自己每學期教三門課了。該陳述可能屬實，但會讓人以為大學教授一週只工作九小時。相反地，現在我喜歡誇耀自己每年在教育服務上貢獻了五十萬美金。在學術圈外工作超過兩年了，我還是覺得這樣描述自己的經驗很怪。然而，它使我現在在業界的同事能理解我過去的工作——尤其那個數字夠大，聽起來夠厲害。[5]

若曾擔任多個訪問助理教授職（visiting assistant professorships，簡稱 VAPs），

你可能需要讓自己的職位看起來夠多元，以保持讀者的興趣。發揮創意，善用履歷的篩選性來為自己謀福：若你將一份工作裡的六項成就分散在多個條目中——或讓你獲頒的榮譽隨著時間變得愈來愈高——沒有人會質疑你。

履歷寫到這裡，重要的問題是：相關經驗該追溯到多遠？範圍必須合理。若你大學時曾在行銷公司實習，而且覺得自己會做與之相關的工作，那把它納進履歷中大概沒問題。相反地，如果說自己在戶外泳池前台管理的暑期工作中學到了商業營運技巧，這可能會過於牽強。

我在這方面有慘痛教訓。有次我在面試中提出上述那個經驗，雇主皺了皺眉，拋出一個我無法回答的相關問題。就算我有在那份工作裡學到寶貴經驗，我仍然對財務、數據分析驅動流程最佳化（analytics-driven process optimization）、變革式管理或任何相關概念一無所知，沒有資格擔任營運顧問一職。

履歷的第三部分應提及你在相關職業協會擔任的志工或服務角色。若你擔任的角色是不言自明的，就保持原樣；不然的話，用一兩個列點描述你的成就。請確保你有寫出讀者想看的事物。沒人在意你是否向現代語言學會（Modern Language Association）繳納會費，但很多人會把某個當地領導協會的職位視為你受到同行信任並委以重任的證據。

除非學歷真的讓你有資格擔任某職位，或對方指示你將學歷優先列出，否則教育背景應該是履歷上的最後一部分。如此一來，讀者在認定你條件超標前，會先看見你的工作經驗和技能。在描繪學術經驗的細節時，應使用圈外人也理解的詞彙。在學位下方，刪掉你的論文題目和指導教師，但放上你在每個學習階段獲得的任何獎項或榮譽，縱使看起來很蠢或多餘也要放。雖然很少人知道這些獎項究竟代表什麼意義，他們會據此判斷你在學術領域的表現是否優秀。

獎學金或獎助計畫值得你特別提及。在某些學科中，這些獎項幾乎如同標準配備，因此彷彿不值一提。例如，在古典學領域裡，沒拿到學費減免或津貼就攻讀博士學位是極其罕見的。很多人因此在學術履歷中完全不提這些獎助。

在撰寫履歷時，遺漏你獲頒的獎學金是一個嚴重的錯誤。許多蔑視學術界（特別是那些對人文和社會科學會皺起眉頭）的人認為，追求高等學位就是在累積債務，卻拿不出辦法償還。明確指出你在研究所期間**賺到了錢**，有助於打破偏見——也能解釋為何你選擇攻讀學位，而不是在大學畢業後立即進入職場。

派翠夏・索樂（Patricia Soler）在尋找非學術工作時採用了上述許多策略。由於她申請的美國政府部門工作要求她把教育背景列在履歷開頭，而她將之轉化成針對個人成就和資歷的有力陳述：

**教育背景**

**喬治城大學：西班牙語及葡萄牙語系，華盛頓特區**

**拉丁美洲文學與文化研究博士（GPA：3.78/4.00），二〇一四年一月**

**西班牙語學士／碩士，二〇〇四年五月**

- **獎學金**：七年全額博士獎學金；一年葡萄牙語及地區研究外語獎學金。
- **補助金**：十二項學術會議補助；一項為期三個月的巴西論文研究補助；一項

維吉尼亞大學珍本書學院研究補助；圖書館館長特選，獲得首次推廣原始資料研究補助。

- **出版物：**一篇同行評審文章；二本圖書館目錄；一篇外交政策文章；一篇公共政策書評。
- **計畫經理：**由前喬治城大學教務長親選，負責梅隆基金會資助的項目，創建評估Google Books對學術界發揮之品質及用途的方法（二〇一四年出版）；控管第二位研究員的數據結果。
- **計畫補助撰稿人及籌款人：**確定新的收入來源，以研究生會議聯合主席身分籌款超過兩萬美元（較前一年增加百分之二十）。
- **小組發言人：**包括著名的現代語言協會會議、巴西美洲研究協會會議和國際書籍會議在內的十二場學術會議。
- **媒體露面：**美國國家公共廣播電台採訪，討論原創研究成果（二〇〇八年）。

這些文字好就好在用精簡有效的方式陳述學術細節（三個學位只用了兩行，GPA令人刮目相看），以及特別強調出應對官僚之相關技能的掌握。派翠夏迅速說明她能夠帶來資金、高效寫作、管理計畫，還擁有向大眾及專家演講的能力。排版方式也讓她能在每一段裡特別標出成就——把學歷變成一場實力的展演，令人不再懷疑她的博士工作與學術圈外的就業是否有關聯。

本章提供的原則旨在助你構建一份簡潔的履歷，這樣讀者也不會因你的高學歷而產生偏見。雖然如此，若有些原則不合你用，那就不妨摒棄。如果一項服務或志工經驗與某個目標職位高度相關，請把它列在工作經驗的第一項。若你和派翠夏一樣得將學歷擺在履歷最前頭，就請把限制化為優勢。

還要記住，不是每個經驗和成就都要放上去。除非你申請的是寫手或編輯的職位，那就要把學術出版列在工作經驗裡。若你會說外語，也請寫進技能清單裡——但只有你能流利對話的才算數。最好也將與你的未來專業不相關的學術副業刪去。有大約兩年時間，我為歐洲的一家倡議團體服務，負責將拉丁文作品與作家的義大利文介紹翻譯成英文。不幸的是，我無法用義大利語進行**口語溝通**，那些學術專有名詞在商場上也毫無幫助。就履歷的角度而言，那兩百頁的專業翻譯從沒發生過。

## 轉化你的學術經驗

目前為止，我向你推薦了一個通用的履歷架構（摘要、技能、工作經歷、志工經驗和學歷），並建議你使用項目符號來彰顯每份工作上有意義的成就。問題是，每個人對「有意義」的定義不同。除非你的學術經驗與商業、學術管理、政治或非營利組織的專業人士產生共鳴，否則你的履歷不會吸引讀者注意——也不會幫你找到工作。

雖然在某些情況下，我可以具體建議如何將學術經驗轉譯給非學術領域人士，但若想將所有可能性鉅細靡遺說明清楚是不可能的。學術領域在知識系統、技能和方法論方面差異甚巨——而我的經驗僅限於人文學科中的一個晦澀學科。

因此，我**能**做的是解釋自己如何進行這項任務。我會將自己的思考過程展示出來，讓你能模仿或參考，從而解讀出自身故事中蘊含的特定行業意義。

這會組成本章的剩餘部分。為了方便閱讀，我將其區分為所謂終身職寶座的三支腳：教學、行政職和研究。

## 教學

當你告訴別人你是教授、或想當教授時，多數人首先會把你想成一名教師。請謹記，這個觀念伴隨著許多假設。他們可能會想像你生活舒適，每週工作九小時，還享受著無事一身輕的漫長暑假。儘管這可能是種誤解，但也不難理解原因：只從學生的角度體驗過學校的人，很難從這個範圍之外來理解教授生活。

要解釋教學和其他專業領域的相關性，你必須克服這種文化刻板印象。幸運的是，學術生涯中的這一面向是最複雜多變的——一旦有人姑且給你解釋機會，你就可以最大限度地利用它。

依我看，成為一名好老師需要掌握五項技能：專案管理、公開演講、主持會議、平衡各方利益、情商。[6]讓我們逐項介紹。

專案管理是指制定一個總體計畫，詳細說明該做什麼才能成功，並將這些需求排入時間表，使你有足夠的時間在截止日期前完成工作。這需要一顆有條不紊的頭腦，得要擅長在大局和細節之間切換，還要能快速學習基本概念。最重要的是，當某項工作流程的延遲威脅到另一項任務時，必須動用紀律來使計畫重回正軌。

身為教育者，你每天都在精進這些技巧。學期初踏進教室之前，你已經知道未來十六週要做哪些事。若你寫了教學大綱，你就已經知道自己希望學生到了學期末會學到什麼，並將這些材料分配到可用的時段中。在這項工作中，你可能會需要從豐富的內容中艱難地挑選出最應涵蓋的主題，或是為了保持教學節奏而擴延相對較單薄的內容。

當然，在擬定計畫之後還有很多工作要做。你得選擇最有效的方式來教授你希望學生吸收的內容，無論是通過閱讀、練習、考試還是非傳統的方式。多元學習非常重要。每位教師都知道，抓住學生的注意力，學習效果會更好——而且也更容易評估他們吸收了多少。然而，就算只是弄清楚該評估什麼，也是要經過精心設計才能取得平衡的一件事。你不僅需要**知道自己認為**學生在既定課程中該學到什麼，還需確保教學材料與規模更宏大的計畫或大學理念相符。

在你著手撰寫授課草稿、製作幻燈片、挪出評分時間和決定辦公時間（office hours）之前，這些都得就定位——我們都還沒提到**實際的教學**呢。因此你可以信心滿滿宣稱：你知道如何規畫。說到執行面，你也能盡力發揮。學者們經常要教授多門課程，就算受到暴風雪、學生狀況或——以我碰過的例子來說——為了配合足球賽而取消——的影響，大家仍會把計畫中要教的主題都順利完成。

有這麼多經驗的加持，你絕對可以聲稱自己是專案管理大師。只要用幾件趣聞軼事，即可說服別人你是如何實際運用這些技能的——且能保證一旦你掌握了新工作的基礎知識，這些技能都將一併轉移過來。

接下來是公開演講。要看出你擁有這項技能並不難，但請記得提醒他們：你做公開演講的頻率有多高。若你在大學裡全職教書，那每週至少要花八小時在群眾前說話。你知道如何讓空間裡充滿活力、當有人提出意料之外的問題時該如何反應，還知道如何準時做完整場演講。事實上，因為你太常在時間限制下講課了，因此不管講座長度為何，你都有辦法適時察覺自己只剩下五分鐘可收尾。

這種歷練已經很令人刮目相看，但你還有能耐在截然不同的觀眾前演講。有時候你需要對初學者解釋基本材料，把一個概念切分成很多部分來討論。有時你則會坐在研討式課程的桌邊，身旁眾人的知識水平與你並駕齊驅，甚至還高於你。因此，你不只知道如何引導一群人接觸特定課程內容而已：你知道如何針對不同的受眾量身打造訊息內容，還能在其間無縫切換。

別忘了上述種種事項帶有娛樂性的部分。畢竟你的工作大部分是讓青少年對學科內容從興致缺缺變成興致盎然。老師的專長就是化腐朽為神奇。這種技能不僅是技法靈活而已——它具有市場價值。大多數組織所做的工作並不很有趣。他們需要充滿熱情和魅力的人來化解懷疑的目光，讓訊息向外發散。無論成功意味著贏得新客戶、讓捐贈者給出大額捐款，還是說服選民投票，教師都能勝任。

在談論你的教學經歷時，別害怕強調這一點。我採用的介紹詞是基於我對自身學術領域和所居城市的假設。雖然細節會隨不同聽眾性質微調，但它通常長這樣：

> 我曾花三年時間讓紐奧良的大學生把時間拿來學習羅馬史上的名字和日期，而不是去波本街（Bourbon Street）①上玩樂。既然說服得了他們，我就能讓任何人買我的帳。

這種陳述方式可能有些誇張，但它能有效說明你的教學經驗可以如何運用在意想不到的情境中。

主持會議是另一項你在教學過程中發展出來的技能，但你卻渾然不覺。事實上，每一次有課堂討論時，你都在使用這項能力：設定行事曆、安排教室、在白板上寫下討論重點、在最後下總結以確保每個人都有跟上。但你應該也很清楚，光是這些機械式的操作並不足以促進溝通。它關乎用探索性問題引導團體，而不是告訴參與者該怎麼想——還有，在大家準備不足時要隨機應變。簡言之，就是讓別人相信他們自己掌控著方向盤，同時也要暗中確保他們開在對的路上。

大多數研究生和剛起步的教授在這方面都有豐富經驗。若你也屬於這一群體，你會知道該如何為一場對話做準備，也許還隱約知道為何蘇格拉底法（the Socratic method）[2]會如此有效。事實很簡單，那就是當人們對於一場討論有所貢獻時，就

① 譯注：該街是這座城市最著名的街道之一，尤以繁華的夜生活聞名。

② 譯注：又稱為詰問法，是一種教學和探索知識的技術，通過一系列問題引導對話者思考和反省，幫助他們更深入理解概念或發現知識。

會更願意接受它的結論。

在學術圈之外，這樣的結果就稱為「利害關係人同步化」（stakeholder alignment）[3]，可說是一項計畫能否成功的最大關鍵。若大家對計畫沒有共識——或覺得自己在決策過程中被排除在外——那麼計畫可能很快就會延遲或脫軌。不論是哪種團隊，能創造同步化的人都是團隊的重要資產。

為了在「領導小組討論」和「管理會議」之間搭起橋樑，請考慮以更抽象的語彙談論這項技能。我開始認為，這是一種把人導向共識或共同目標的「架構討論的藝術」，哪怕我也還不知道結果會是什麼。事實上，人文和社會科學是這類技藝的理想訓練場：若你有辦法協助人們對「文學的意義」這種模糊概念取得共識，那麼處理具象主題根本只是小菜一碟。

學術界人士也擅長平衡利益關係人的利益。每一次踏進教室，你都受到各方利益關係人彼此競爭的需求、欲望和要求的影響。舉個例子會更清楚：

在你的課上，有個學生等著被你當掉。在做出決定前，你至少要考量五個利益關係人的最佳利益：

**學生**　他們通常認為及格對他們最有利，這樣就可以按時畢業，讓父母高興。就算他們沒有盡好本分，也會積極爭取及格。但他們讀大學不是為了及格——是為了**學習**。對他們最好的做法，可能是退選你的課，專注在其他課程，或甚至是接受不及格的成績，此種後果會迫使他們從錯誤中學習。

**系上**　學生人數通常決定了預算額度。這代表鼓勵學生退選或當掉他們可能會對整個系造成損害。然而，讓他們及格也可能有負面後果：學生可能認

③ 譯注：指在專案、計畫或組織的方向和目標上，讓所有利益關係人的共識一致。一般來說，利益關係人可能包括股東、員工、客戶、供應商、社區成員、政府機構等。

為及格是應該的，接著便選修超過他們程度的高級課程。這不僅可能導致他們重蹈覆轍，也會將負擔轉嫁給你的同事。

**大學**　根據當今的標準期望，大學會希望盡可能多的學生及格。畢竟，畢業率是衡量大學排名的一個關鍵指標，而更多的校友代表著更大的捐款基礎（至少在美國如此，即使是公立學校也依賴捐款）。但這些短期收益會遭到長期損失抵消。若你讓太多程度並未達標的學生獲得學位，久而久之，大學的聲譽就會惡化。此一趨勢可能會危及學校吸引優秀學生或教師的能力、學生取得學位的自豪感，以及校友憑藉學位優勢找到工作的能力。

**學科領域**　根據學生的水準，你的學科也可能受到牽連。有更多的大學部學生、碩士或甚至博士通常是正向的：他們會將這門學科的觀念引入社會、吸引更高水準的資金，並培養出更多的潛在教師或學科專業協會成員。但如果這些人沒有確實掌握該學科的內容、工具和方法，他們反而會帶來更多害處。大眾對你的學科的評價可能下降，或者他們可能會成為能力不足的教師，導致下一代學者素質降低。

**你自己** 對你來說，最輕鬆的選擇當然是讓學生及格。如此可減低工作量，你可以去忙其他重要的事。但這麼做可能影響你的聲譽。其他學生可能會發現你很好說話，而此例一開，就很難再拒絕其他來求情的人。此外，你有義務代表前述利益關係人的最佳利益行事。無論你是否從結果中受益，這項義務都存在，而錯誤的判斷可能導致反彈，甚至鬧上新聞——你很難為自己平反。

這種常見情境其實比乍看之下要複雜得多。在我眼裡，主要問題是你不知道自己最需服膺的義務是哪一個：每個利益關係人都可能合理宣稱自己最重要，而你採取的行動對每一方都有正面和負面影響。雪上加霜的是，大學很少訂定政策，指示教授該如何解決這些矛盾。你通常只能自己摸索。

在做決定時，你必須讀懂這所大學的政治水溫，並評估你的行動會如何在利益關係人之間產生震盪。在做出「正確」決定這件事上，你沒有安全網：不存在所謂的正確。相反地，你能否平安度過風暴，將取決於你怎麼為自己的決定辯護，就看你如何解釋為何某些利益關係人的需求和願望的優先性高於其他人。

身為學者，你很可能遇過這種情況。雖然你可能沒有像我這樣仔細進行分析，但也無疑已經發展出一套做決定的標準。

再一次，以抽象詞彙思考是將學術經驗轉化為「可轉移技能」的第一步。不每個組織都需要拆解問題、評估政治風險，並保護自己免受反彈聲浪抨擊。不論是即將投入新市場的公司，或正在遴選年度晚會主持人的非營利組織，都會有這項需求。展現你進行批判性抽象思考的能力，打造一套能在各個爛選項之間取捨抉擇的系統，會讓潛在雇主相信你能保護整個組織，而且能秉持「不造成傷害」的原則行事。

情商（有時稱為 EQ，以與 IQ 做類比）是我要在這部分討論的最後一項技能。這項特質在商業領域是很熱門的話題。雖然你不太可能僅憑這項特質就獲聘，但它可能讓你與其他候選人有所區別——並讓雇主有信心聘用你。

儘管有些刻板印象將教授描述成讀不懂社交空氣的蹣跚老頭子，但現代的學院會要求你對周遭的人有高度敏感的體察。在任何一個上班日，你都會在學術領域裡比你資淺和比你資深的人之間穿梭交際，他們的年齡從十幾歲到七十幾歲不等。這些群體的社交模式大異其趣，而你有義務在他們之間八面玲瓏地完成任務。

在課堂內、外與學生相處，也帶給你扎實的訓練。講課時，你需要判斷聽眾何時在專心聽講、何時在打瞌睡，然後即時針對課程規畫進行調整。同樣地，在與需要特別協助的學生進行一對一晤談時，你也學會如何用不造成傷害的方式給予負面回饋，或是用各種方式來解釋同一個概念。最重要的是，你學會給他們釣竿，而不是幫他們釣魚。另外，由於當今大學的趨勢是讓教授站上心理健康支持的第一線，你很可能也學會了如何初步解讀他人的行為，在他們承受壓力時辨識出警訊。

簡言之，你可能比很多學界外人士所預期的還要懂得調和眾人——也更能適應多樣的社交情境。一定要記得透過一些小故事來展現你調節人際關係的能力，尤其如果你曾巧妙地把棘手風波導向正面結果的話。

總結來說，教學經驗很可能賦予你一系列超出學院範圍的可市場化技能。大多數教育者擁有的五項技能是：計畫管理能力、從容公開演講的能力、主持會議能力、在相互消長的利益關係人之間取得平衡的能力，以及深厚的情商。這些特質能協助各種組織精益求精——一旦熟悉了新的工作環境，這些特質也會讓你具備優勢。

## 行政職

行政職——即你為所屬的系、院或學科承擔的行政職責——是學術生活的另一面向，而且在學術圈外極為有用。不幸的是，許多學者忽略了這類工作，因此在學術界外嘗試展現自己的潛在價值時，未能充分利用這些經歷。

為了克服盲點，你可以多花心思練習辨認符合條件的相關行政活動。首先，列出所有妨礙你教學和研究的學術工作。這可能包括為教授委員會撰寫報告、組織研究生會議，或協辦系上客座教授講座。整理好這份清單後，逐一評估每項工作，區分出你喜歡和不喜歡做的事。

若你身陷「終身教職陷阱」類的工作，或打算辭去終身職工作，你很可能在這方面已身經百戰。研究生和臨時教員可能就沒那麼幸運了。身為學校的臨時成員，你經常會被排除在與「自治」相關的行政業務之外。即便如此，還是要充分利用目前身處的職位；如果你對哪項任務感興趣，就算是「訪問」身分，也要試著說服他們讓你參與其中。

接下來，問問自己**為什麼**喜歡某些工作而不喜歡其他工作。答案要具體。如果對某個職位感覺很複雜，試著分析哪些任務使你有動力，哪些讓你覺得無聊或煩惱。通過分析，你就能專注於激發熱情的那些經驗，並自然、有熱忱地向他人傳達。

將行政職經驗的範圍縮小後，想像一下你會如何向學界以外的聽眾描述它。記得穿插一兩個小故事，內容要能夠解釋你如何把工作做得出色，或是哪種個人特質讓你如此有效率。從現在開始，請在你的資訊訪談中提及這些經驗，並根據對方的回饋調整你的陳述方式。

你可能擔任過五花八門的行政職，這些不同的角色到底該怎麼轉譯成學界外的人聽得懂的語言？因為種類多得無法窮盡，我會利用自己擔任過的一個角色來詳細說明。更確切地說，我會解釋自己如何將古典學研究學會臨時教員委員會（Society for Classical Studies' Contingent Faculty Committee）主席的工作，轉譯給學界外的人聽。這個職位對我來說非常有趣，並且與學術界以外的人有關聯，所以我以它——而非訪問助理教授職位——作為履歷上的第一條工作經歷。

這一次，我先從最終成果及其意義開始解釋起。在這之後，我會敘述這段經歷——它是摘要的原始來源——並解釋我為什麼從中選擇了某些特定細節。

**二〇一五－二〇一八：古典學研究學會**

**臨時教員委員會主席、非終身職教員問題顧問委員會（Advisory Committee on Non-Tenure-Track Faculty Issues）主席**

在三年內，我將我參與的專業協會中的二十人顧問小組轉變為常設委員會，為臨時教員贏得一系列利益和保障。其中包含針對職業道德聲明（professional ethics statement）之更改，和一項旅行基金的創建。上述成就在財務上屬收支平衡，且並未超越該職位於組織中的權責。這些成就主要歸功於我能：

- 調和不同觀點的人，使他們為共同目標團結行事
- 按照明確有序的步驟，分階段實施長期計畫
- 根據團隊成員的優勢進行分工，使他們發揮長處
- 說服持懷疑態度的人支持具有政治敏感性的目標

這樣的描述旨在向大眾清晰展現我在該角色中的工作：它概述了我所達成的事項、透露這些成就的規模和成本概念，並概括了我個人是如何實現這些成就的。它還強調出我認為最有可能轉移到其他情境的技能：調和歧見、規畫並執行專案、派任工作，以及應對利益關係人。為確保讀者不會錯過重點，我用項目符號列出每項技能，這種格式比大段文字更能吸引目光。

不可否認，需要經過多次修訂才寫得出這段簡潔連貫的摘要。由於我對工作的細節——以及每個任務有多花時間或多困難——了若指掌，去蕪存菁在一開始的時候很困難。下面提供的故事全貌能證明我的說法。在閱讀時，請將上述版本和下方

敘事互相對照，想一想我萃取了哪些特定細節，以及我如何轉譯為非學術語言。

在二〇一五年，我所屬的專業協會的主席召集了一個與非終身職教員問題相關的顧問小組。在我加入時，我們沒有明確的領導者，也沒有明確的任務。因此，我們的電子郵件交流很雜亂。有些人想組工會，也有人抱怨終身教員和社會大眾沒有給予我們應有的價值或尊重。整個組織沒有清晰的方向——只有發洩式的怒氣和盲目的嘗試。

對大家來說，用那種方式繼續下去，事情顯然不會有進展。因此，當有人提議應該要選出領導時，我自願成為那個人。

其實我並不認為自己有資格。當時我取得博士學位還不到一年，只做了幾個月的臨時工作。幸運的是，大部分學者都很保守。只有另一個人表明願意擔綱重任，並表示若有其他人願意接手，他會放棄這個職位。

因此，在我三十歲之前，我便領導著一個全國性組織的顧問小組。我完全不知道自己在做什麼——或該做什麼。但我擁有三樣東西：熱情、「輕鬆」的3—3教學負擔④，以及對於「問題還不會獲得解決」的清楚意識，因為我們都還未定義出問題有哪些。

成為顧問小組領導後，我的第一個舉措是選出一位祕書來維持組織的條理。自願擔任祕書的女士十分積極參與討論，後來我得知她是另一位有興趣擔任主席的候選人。她也有使用Google文件和架設共享工作站的經驗，以前還曾為一家行銷公司做過市場調查和分析。

她架設好這些工具後，我開始說服大家保持步調一致，先將眼前問題拆成各個部分，接著一項項處理。這項任務比乍看之下更龐大。為此，我分配了六個月作業時間，讓大家一起評估各領域非終身職教員的教職概況。我們逐一討論每項議題，分享個人小故事和探討系統性問題的文章。我們還針對協會成員進行調查，了解他們如何看待其學院的臨時教員，藉此為我們的工作提供廣泛的定量數據。完成這一切後，我編寫了一份報告，總結我們的發現。這份文件提供了共識基礎，使我們能決定後續行動。

我們用那個學年的下半年制定出實際解決方案。我將成員分成幾個工作小組，並指派每個小組評估一個領域。儘管我給了他們很大的自由去推薦他們認為合適的方案，但我提醒他們，可行的解決方案必須是務實的，既不花錢，還要落在我們有限的行動範疇內。到了五月初，我們討論出學會應該追求的五個目標，而這將為改善臨時教員的待遇鋪路。接著，我起草一份簡報，其中包含前一年秋天大家共同討論出的問題的簡化版本，以及大家提出的解決方案的解釋。在從小組獲得回饋並進行最終修訂後，我將報告提交給學會的董事會。

我們在第一年取得的成果顯然讓他們留下深刻印象。董事會接受了我們的建議，從下一個日曆年度起將顧問小組轉變為常設委員會。這讓我們能追求先前確立的目標，在未來也能承擔新的目標。此外，他們從另一個

④ 譯注：指一名大學教師在每一學期各教授三門課。

來源撥出資金，為臨時教員提供旅行補助，以便大家參加學會的年會。我們沒有要求這個，但我們的報告讓他們相信這個重大問題必須盡快解決。

這次勝利的唯一負面結果是我們不得不更加嚴格遵守學會章程。這意味著一旦轉成常設委員會，小組成員必須從二十名縮減到六名。人員縮編等同於更少的勞動時間，因此我們決定專注在那年春天向董事會推薦的兩項計畫上。

我們的主要目標是修訂學會的職業道德聲明，讓臨時教員的待遇得以納入其中。這個過程漫長且複雜：我們必須提出編輯建議，獲得相關副主席的支持，並將修訂後的道德聲明提交給全體會員投票。總的來說，這花了大約十八個月的時間，但最終結果對我們有利。

到了那時，我的主席任期已接近尾聲。在舉辦了一場與其他學科的同行會議，並集思廣益尋找合作方法後，我將棒子交給了繼任者，讓他繼續我們的使命。

我冒昧猜測，你在過去幾分鐘可能覺得有些無聊。若是如此，那也很合理。正如我先前所說，大多數人不關心他人的內心生活——他們關心的是他人的經驗與自己有何關聯。

但讓我們更精確一些。除了簡潔性之外，以上敘述的主要區別在於敘事學家所稱的「焦點化」(focalization)——講者或作者採取的觀點。前面呈現的長篇敘述提供了**內部**視角：它強調了我如何感受、為何行動，以及我對過程中的每一步做出了什麼回應。儘管我對自己的工作了若指掌，但這些細節本質上是隱形的：你看不到它們，甚至無法確認它們是否精確反映了我的經驗。你只能相信我的說法。

再看履歷版本，從該版本的同一個角色身上可看出**外部**視角。我立刻告訴你我最重要的成就，並表明我是憑藉個人優勢來實踐的。雖然篇幅有限，我沒辦法證明這些主張，但這些事都可以透過推薦人或共同聯絡人來驗證。因此，顯得可信——而且它們激發了讀者的信心，令他們相信我的摘要並非漫天吹噓。

「但等等，」你可能在想，「你不是一個人做到這些的！你有一個團隊為你執行任務。怎麼能把他們的工作成果攬為己有？」

這種批評在某種程度上是成立的。與我一起工作的人承擔了委員會大部分的粗活。沒有他們，連原本十分之一的成果都達不到。但這份履歷的目標受眾既不了解我的組織，也不認識參與其中的人員。他們閱讀履歷是為了了解我，看看我做了什麼，並期待能抓到「我能為他們做什麼」的方向。因此，我聚焦於我可以**合理**宣稱的成功，包括協調小組的工作，以及小組在我的指導下達成的成就。鑑於我**確實**領導了該委員會，這種模稜兩可並不嚴重——無論如何，它符合履歷這種文類的關鍵目標：宣揚你自己的成就。

行政職位往往會帶給你最容易引起他人共鳴的經歷。它讓許多學者有機會培養領導技巧，在艱難的環境中引導計畫，並在與學術無關的事務上磨練能力、積累知識。最棒的是，這些職位經常讓你有機會管理預算——這是一項在任何行業都會立即獲得認可和重視的技能。無論你選擇強調經歷中的哪些行政角色，只需記得以**外部**術語來描述它們——並盡可能讓兩者之間顯得愈相關愈好。

## 研究

你的日常研究活動很可能難以解釋。這些活動往往非常專業、重複性高、對大多數外行人來說並不像是工作。從事科學研究的人很幸運：當非學術人士聽到「研究」一詞時，首先想到的是在實驗室裡長時間工作。其他一般人可能會想像研究是在社科領域進行民意調查，或歷史學家在檔案裡上窮碧落下黃泉，但以上幾種速寫幾乎已窮盡該詞在大眾想像中的涵義。因此，在嘗試向不了解內情的人解釋過去五到十年你是如何度過時，可能會遇到一些困難。

我將研究分為兩類活動。第一類涵蓋在實驗室、田野或圖書館進行的研究，也包括你使用的方法和工具。第二類是寫作——也就是將研究成果轉化為你不干預的情況下，他人可以理解和接觸的形式。

由於寫作較好處理，我們先從它開始。身為學者，你花了無數小時撰寫研討會論文、學位論文、文章、案例研究，甚至專著。不管你的學科以何種形式來呈現學術成果，寫作都要求你將複雜的想法轉化為精確清晰的散文。

可能會令人有些驚訝——你將想法從腦中轉移到紙上時所運用的精確性，在學界外是極為罕見的。非學術人士傾向於使用大量單詞和短語來表達相同的概念。據我的經驗，學界外的專業人士特別愛用來自戰爭、運動或賭博的隱喻，並經常使用第一個浮現在腦海中、或最近出現在對話裡的那一個。完整、準確的思考十分罕見。[7]

當這種傳達訊息的方式發揮效用時，它的效率絕對很高。而且大多數時候它確實有效。但當它失靈時，溝通就會停滯不前，連帶地任何手邊取得的進展也會停下來。在我從事商業工作期間，我發現最常見的罪魁禍首包括以下幾點：

- 作者想的是一回事，寫到頁面上又是另一回事的遣詞用字
- 引用晦澀難懂的事件、人物或文化符碼
- 讓人感到陌生或難以理解的成語

學術寫作者會刻意避免這些陷阱。我們或許未必簡潔，但我們所受的訓練就是寫出清晰明確的文章，好讓它禁得起時間考驗。當業務日益線上化且勞動力日益全球化的時候，這項技能尤其寶貴。

經過多年的研究工作，你還能夠快速且頭尾一致地遵循某種寫作格式。風格一致的文字能擦亮一個品牌給人的印象，讓組織的對外形象保持清晰——曾撰寫論文或發表文章的人可能都具備這項技能。這對任何職位來說都很有價值，但在溝通或行銷等密集寫作的職位上尤其如此。

從更廣義的角度來看，你的研究還證明了你能夠構思一個長期專案，將其分解成細項，並在僅受少許的監督下順利執行。雖然我在「教學」部分曾提到專案管理，但在這裡還能進一步擴展。

你對學術研究的奉獻，無疑證明了你是一個自發性高、內在動力強大的人。畢竟，你的職涯是建立在找出學術上的不足，以及構想解決棘手問題的方法上。這種特質是你這個人的一部分，而且不論你去到哪都會帶著它。它也讓你脫穎而出：許多人滿足於依令行事，總是等待具體指示後才採取行動。那些會主動填補明顯空缺、為上司減少工作量的人通常更有發展性。

同樣地，學者會更容易察覺某個用來解決問題的工具是否恰當——以及，如果不恰當，又可以去哪裡尋找更好的解決之道。事實上，這是大衛．史蒂文斯所說「只有在高等教育界才可能學到」的東西。

大衛在普林斯頓的朋友可不僅限於與他一樣的政治學家。他的朋友們涉獵的領域包括控制論、人類學和經濟學——這些奇特又多元的學科，他得費神努力才能理解。但這段經歷對他個人產生了重大影響。他學到不同領域的人如何思考和解決問題，還意識到自己知識上的不足，並從此長出敏銳度，能觀察其他專業人士如何利用獨特的才能來解決複雜問題。

自從離開學術界後，大衛愈來愈發覺到這段經歷的價值。他發現，許多從事商業和政策工作的同事在人群面前被指出錯誤時會感到不適。這種反應在一定程度上是可理解的：專業聲譽建立在可信度上，因此許多人被挑戰立場時會特別神經質。不幸的是，這種反感有時太過強烈，導致人們忽視有效的反證，或提出不夠細緻的建議。

大衛接觸並適應過不同的思維方式，他並沒有這種弱點。他從不覺得有必要壓抑新方法；他也知道面對挑戰時，哪裡可以找到可行或能提升效率的方法。在結果至上的世界裡，他的開放性讓自己在市場上脫穎而出。

雖然在高等教育中已廣泛應用專案管理和解決問題的技巧，但這些經驗放在科學領域的人身上可能會更具優勢。因為，科學研究經常需要團隊合作，而且你可能擁有直接管理助手的經驗，所以你能用學術圈外人也立即理解的管理相關術語來闡述工作職責。

你長期的學生身分也有機會轉化成正向因素。在學界裡，你花費多年理解複雜、模糊或矛盾的資訊——而且你得學習大量的基礎知識，才能在專業領域裡成為專家。剛開始學習時，許多主題都很陌生，你甚至可能覺得有些主題很無趣。然而，這段經歷突顯了一項重要特質：你非常擅長快速學習新主題。你每天都在做這件事，雖然自己通常沒察覺。

不太確定嗎？我認識的每位研究生都有必須在短時間內精熟資料並上台講課的經歷。也許你曾為一位生病同事代班教授過殖民時期美國的種族問題，或在面試中試教美索不達米亞的洪水神話。無論細節如何，你都必須在短時間內迅速深入某個不熟的主題，弄清基本概念，接著在講台上呈現出邏輯連貫的敘述。

學界外的世界對這種技能一直有強烈需求，而且做得好的人很少。請為這種快速學習的能力感到自豪，並善用它讓自己在市場上脫穎而出。只要有前輩指引你正確方向，你就能快速掌握競爭的局勢、洞察某位未來的客戶身上的機會，或聰明應對任何公司需要做簡報的事務。

你實際專業領域的情況如何呢？將學術知識和技能市場化，是另一個你得自己付出努力的領域。不過，我還是可以提供一些建議，幫助你朝著正確方向前進。

讓我們從基本定義開始。研究的核心是一個不斷迭代累積、不斷尋找關於某個問題的特定訊息的過程。這涉及兩個不同的任務：(1)以結構化和批判性的方式分析數據；(2)評估不同學術觀點在處理數據時的效力和可信度。經由這些努力而產生的突破性成果（若有的話）通常會受到大部分的關注，但實際上它只是一個副產品。畢竟，針對一個舊問題，若要想出新的解決方案，你必須了解之前的解決方案為何失敗。

不同領域在進行這類評估時，使用的工具和方法都不同，這讓它們成為獨特的研究領域。那也就是我們稱之為學科的原因：有經驗的人在特定領域中習慣按照一定的標準進行工作。從這個角度看，研究變得平易近人。即使大多數學界以外的人不理解你的研究內容，他們也很可能有辦法理解你是如何進行工作的。

我以我的研究為例，向你展示如何將最深奧的技能轉化為外界聽得懂的術語。身為學者，我使用的主要工具稱為語文學（即「對文字或理性的熱愛」）。[5]本質上，是通過仔細閱讀並對語言進行細緻分析，藉此揭示文學作品中各種重要的問題。語文學分析的過程是高度結構化的，它要求你從多個層面觀察文本：

- 該文本使用的單詞，作者在其他地方如何運用這些單詞，以及其他作者如何使用它們
- 單詞如何組合成場景，這些場景在更大的作品中處在什麼位置，以及文學傳統中的其他對應場景能否為該作者試圖傳達的內容提供線索
- 作者的文化或歷史背景是否揭露了別種詮釋的可能，或創造了與表面意義相

悖的潛在文本

● 這些詞語、場景、對應元素、背景和潛在文本如何促進或抵觸這段敘述的整體進展或調性

大多數人對這些研究內容不感興趣，但我進行這樣的分析已十多年了，因此很擅長評估書面文字。我學會衡量語言對讀者的影響，也懂得善用詞語或詞序間微妙的變化來引發各種反應。漸漸地，我能夠用精確的詞彙來分析文本中的修辭技巧。這讓我解釋得了為何某些措辭強而有力，某些措辭不合語法。關鍵在於，我能將學術上的文本分析方法運用在任何寫作之中，只要那是我熟知的語言或文化。羅馬史詩只是我用來磨利工具的磨刀石。

更簡單地說，古典學訓練讓我學會了評估和解構說服性的言論。經過十年的實

⑤ 譯注：原文為philology，又譯文獻學。

踐，這個習慣變成了一種本能反應。不論到世界上任何地方，我總是在留意語法錯誤、批評奇怪的措辭，並想辦法改善。我會為一則效果不佳的廣告或平淡無奇的電視劇本感到尷尬，接著玩起「作者哪裡沒寫好」的遊戲。

這些技能與戰略溝通的關聯性應該很明顯。我知道如何快速分解語言並換句話說，使其更簡單、更有效。我不僅考慮詞語的含義，還考慮它們在脈絡中的位置，以及目標受眾可能如何理解它們。這讓我可以用財務長聽來合理的術語解釋新技術的優點，或告訴行銷經理怎麼善用不同的帳本來節省時間，以便進行更有價值的工作。簡言之，我是一位翻譯高手，能向各種不同受眾傳達一個組織的優勢。

毫無疑問：清楚地描述我的學術技能並不容易。我花了兩年的時間試錯，才把它修正到足以應徵上一份工作。即使到了今天，每當提到我的學術經歷時，我都還是要花費力氣才能盡量說得正確。但你不需要做到完美。只要讓自己的研究技能即使拿到實驗室或圖書館之外還是顯得有聲有色，你終究會得到聘雇主管的青睞。

要比我更快達到目標，請留意幾個細節。首先，將你進行研究的**方式**與你研究的**主體**的細節分開。我的學術工作教導我如何從細節迅速轉移到全局——或者用古代世界的比喻來說，既看到整幅馬賽克的圖樣，又看到其中每一塊瓷磚。雖然我在當古典學者時沒發現這件事，但這種技能其實非常罕見：現在我所合作的許多專業人士都只能做到其一。

問題是，如果我馬上告訴一個非專家我是個研究羅馬內戰詩歌的人，我就永遠不會有機會說明自己能兩者兼顧。如果我還繼續深入談論那些我花了多年時間才理解的詞語、人物和古代哲學，情況只會更糟。那種對話令人敬而遠之。相反地，請用最淺白的語言來描述你的研究方法；這些方法和工具是如何幫助你獲得珍貴見解的？也請展現出來。

其次，行銷自己時要有策略。在與某人見面前，先合理推斷他們最看重哪些技能，然後嘗試用能引起共鳴的方式來描述你的經歷。當把求職焦點鎖定在溝通領域後，我才能更精確地調整自我介紹，這是因為我認為該領域的人資會特別重視我對讀者和語言的洞察力。在尋求其他工作機會，或在學界內介紹我的研究時，這些技能可能不會是我的重點，但對於我鎖定的目標群體來說，強調這些事就是一個有效的策略。

你不能指望自己一開始就擅長將研究經歷轉化為語言。請依序描述你在自身領域的各項技能，在資訊訪談中練習敘述它們，並不斷地打磨這些描述，直到你能夠表達得更有說服力為止。隨著一次次的打磨，你一定能讓你的研究故事閃閃發亮。

## 履歷範本

現在，我們來看看這些建議綜合起來的效果如何。以下這份履歷來自一位人類學博士，因其目前工作的敏感性，他要求匿名。為尊重這項請求，我將稱他為「泰勒（Taylor）」，並用逗趣的方式來稱呼其雇主、教育機構和出版物。除此之外，這份履歷如實呈現出他的成就及表述方式：

## 泰勒・史洛德博士

將日常洞察轉化為迅速的影響

### 經歷

**UX 研究員，Macrosoft**

2019年1月至今

- 讓 PolyProduct 通過內外部研究評估，確定了新的關鍵用戶路徑
- 為新的 PolyProduct 評估建立標準和協議，使用可用性研究、遠程研究和咖啡館研究
- 為利益關係人開發同理心培養練習，領導民族誌家訪，進行 PolyProduct 的基礎研究
- 評估 PolyProduct 企業平台的新指標

**博士後研究員，加州大學，西科維納**

2018年9月至2018年12月

- 指導一部關於布宜諾斯艾利斯一個家庭與鳥類及死亡之關係的民族誌電影，片長十分鐘
- 完成《鴿子獵人》（Puffin 2019）書稿，並撰寫一篇關於阿根廷賞鳥者的邀稿文章

**博士後研究員，阿根廷國立大學**

2016年9月至2018年8月

- 教授研究方法，發表一篇關於阿根廷賞鳥經濟活動的文章，並撰寫一篇獲獎論文，論述阿根廷賞鳥者拒絕使用望遠鏡的原因

**研究生學者，桑福大學**

2010年9月至2016年9月

- 論文基於24個月的民族誌田野工作，探討阿根廷愈來愈多的鳥類保育者如何應對氣候變化的實際和心理挑戰

### 教育程度

桑福德大學，加州帕羅奧多

文化人類學博士，2010年9月至2016年9月

托馬斯・傑佛遜學院，華盛頓特區

拉丁美洲研究學士，2005年9月至2009年5月

### 技能

民族誌

家庭研究

國際研究

研究設計

提案寫作

公眾演講

影片剪輯

可用性測試

攔截研究

問卷調查

文獻評論

### 出版物

《鴿子獵人：一部民族誌》（Puffin 2019）

〈消失的鸚鵡〉（2018）

〈鳥類暴力〉（2018）

〈在動盪年代裡賞鳥〉（2017）

〈羽毛好看的朋友〉（2017）

### 語言

英語（母語）

西班牙語（流利）

葡萄牙語（會話）

聯絡方式

taylor.sloed@jeemail.com

555.867.5309

這份履歷的效果很好，因為它用簡潔、現代的格式來陳述一個簡單的故事，令人聯想到網站的設計。由於很多人都透過網站獲取資訊，這種選擇讓履歷顯得親切易懂。

但細節如何呢？我們從最先吸引目光的地方開始看起：姓名。特大號字體讓它從一堆文件之中一躍而出——並邀請你繼續閱讀下方的標語。這句簡短的標語在寥寥數字中含括了很多內容。它既暗示泰勒是觀察周遭世界的專家，也表明了他喜歡將這些觀察用來迅速解決真實問題。

在目前的工作——科技業的兼職——欄位下方，他的列點也頗出色。這部分展現了他在不同環境中進行研究的豐富經驗，以及向他人傳授觀察法（observation methods）的才能。雖然沒有「成就」可以證實泰勒執行這些任務的品質，但摘要證明了他能在非學術環境中執行這些任務。這一點非常重要：無論如何，有些人就是會質疑一個博士能不能「適應」非學術機構。

我知道大多數人無法透過兼職在一家科技大公司積累經驗。即便如此，在說明行政職或志工角色如何讓你學到夢想中職涯的必備技能時，你仍可視它為參考模板。

在處理學術職位方面，泰勒也很精明。他在每個職位只列出一、兩點，把重點放在任何人都能欣賞的成就：導演一部電影、寫完一本書、撰寫獲獎論文。他並沒有隱瞞這些項目是在研究生、博士後或教授時期進行的，但避開了學術寫作時常出現的術語。泰勒還清楚地將學界的工作與目標職位所需技能連結起來（注意這些詞彙：實際、研究、經濟、民族誌、氣候）。最重要的是，這些特質證實泰勒的確活出了那句標語：將日常洞察轉化為迅速的影響。

泰勒將其他細節——教育程度、語言、聯絡方式——擺到次要位置。這些次要內容或許能勾勒出泰勒的形象，但不會直接讓他獲得錄用。將這些內容放在更顯眼的位置只會浪費讀者有限的注意力。

此外，請注意這份履歷在美感上十分用心，因此易於閱讀。泰勒在各小節的標題統一使用大寫字母，也為姓名、工作經歷、教育背景和內文選用了略有差異的字體，為資訊建立出清晰的層次。同時，文件以雙欄設計將較長的描述與較短的短句分開。這種排版讓後者不需列點，因此創造出大量空白，頁面也不顯擁擠。綜合上述特點，讀者就能輕鬆快速地瀏覽版面，並找到他們想要的資訊。

如今大多數履歷是透過電腦或手機查看，而不是列印出來，因此設計也有了更多可能性。比如說，你可以把關鍵資訊標上簡單的顏色，讓人更快看見它們（姓名、大標），也能用超連結將讀者引導至你的作品，而不需詳列發布日期和地點。

最後，泰勒的排版對那些正要離開學術界的人來說非常好用。請注意第一項工作經歷的位置幾乎和技能列表等高。如此創造出的兩者之間留白會引導你的視線，讓你一讀完泰勒的目前工作職位後，目光立刻移到技能列表上。在這裡，你不只能看到他自認為的專長，還會注意到幾個關鍵字——它們都與商業息息相關，並且很可能是某些工作所需的核心能力。履歷設計的妙處就在於此：許多人資主管這時就已經想邀請他來面試了——他們甚至還沒發現泰勒大多數時光都待在學術界。

總之，這份履歷對於像你這樣的人來說值得參考——即使在我成功找到一份學界外的工作後，我仍然選擇採用這個模板。

## 結論

這一章提供的工具能幫你向外界解釋為何你的學位有價值。實際上，在轉職過程中，重塑你的過往經歷是非常重要的一步：既然無法隱藏自己在高教界度過的時光，你需要能對此做出解釋。

一旦你開始能向新的受眾輕鬆精準地介紹自己——而且能夠持續將這件事做好——這也代表你該將注意力轉向更需要實際操作的活動了：發展那些你現有技能以外的新強項。

## 行動項目

1. 在你的職涯筆記中寫下一條只有三句話的條目，簡要描述你的長處和興趣所在。每週修訂該條目，直到你能夠用一句話表達你的專業價值為止。
2. 起草一份履歷，將你的學術經驗轉化成在你感興趣的領域裡人人都能理解的語言。

3. 聯絡一位你在資訊訪談期間認識的聯絡人，請他評價你的第一份履歷的草稿。

# 第五章　發展期

在第一年裡，我努力尋找教室以外的工作，把心思花在大學行政職上。這是個錯誤，因為它嚴重限制了我的搜尋範圍。雖然能找到這方面的工作我也會很開心，但我對舒適圈以外的工作不肯一顧，讓整個轉職過程明顯拉得更長。

但在那時，我仍然深信自己該留在高教界工作，誤以為這比跳槽到商業或公部門領域更容易。直到在招生、校園發展和行政方面都求職失敗後，我才開始研究象牙塔外的工作。

當我瞪大眼睛望向新世界的耀眼陽光時，不禁被其龐大的規模和我自身的不足所淹沒。紐奧良有兩家精品顧問公司在官網上放了員工簡介。每個人都有一連串的專業成就、慈善工作、領導論壇經驗，以及從音樂到運動等各種愛好。這些專業人士**無所不精**——且都做得有聲有色。我立刻就能站在他人的角度看我自己的履歷了。我曾經如此自豪的成就，感覺起來渺小又微不足道。

我與丹．波特菲爾的對話——此時已是一年前的事了——瞬間回到我的腦海。我發現自己只採納了他的部分建議。學界內的資訊訪談和行政職讓我學到很多。但是，在我試圖盡可能留在那個世界的同時，我推遲了同等重要的任務：真正下工夫重新塑造自己。

## 面對你的履歷缺口

找工作不僅是將學術成果推銷給非學界的買家而已。你得向雇主證明自己擁有能立即應用的具體技能，或至少能迅速學會這些技能。對大多數學者而言，說服他人的意思是要投入時間和努力，讓自己成為一個更有吸引力的候選人。

你現在具有優勢，可以有效達成這件事。透過資訊訪談，以及把學術技能翻譯給新的受眾理解，你應該已經發現自己缺了什麼——相對於那些已擁有你理想中工作的人而言。你應該也大略知道哪些人能幫助你填補缺口——還知道如何和可以幫你牽線的人打交道。接下來只需要開始行動。

在轉職的這個階段，當你專注於發展技能的同時，可以自問以下三個核心問題：

1. 關於自己，你想講述的故事長什麼樣子？
2. 從哪裡可以獲得講述這個故事所需的經驗？
3. 你要如何利用這個故事來獲得新工作？

離開學術界的過程裡，這部分無疑是數一數二困難的。為了發展新技能，你可能需要在你覺得是大材小用的位置工作，甚至主管可能也比你資淺。別讓你的自我意識阻礙了成功。相反地，請接受自己在這間屋子裡不再是專家的事實，擁抱新技能和新知識帶來的挑戰。最重要的是，請記得這個階段只是暫時的：一旦在新領域擁有基礎經驗，你進展的速度很可能會比現在的感受快得多。

## 獲取技能，累積經驗

有四個實際方法可以在短時間內強化履歷：線上學習、專業培訓、志工服務和兼職工作。

我們先從線上學習開始。在當今世界，自學基礎概念和工具並不困難。網路上有豐富的教材、自學影片和培訓課程，不僅幾乎免費，你還能按自己的節奏學習。若你覺得自己應該要為夢想中的工作做點什麼，那就去學習怎麼做吧。

生產力軟體是個不錯的起點。在職場中，Microsoft PowerPoint 和 Excel 無所不在，它們是分享資訊的首選方法。你至少要知道如何創建新文件和處理基本格式。大家把這種技能視為理所當然。若開始新工作後，你必須把這麼簡單的任務交給同事幫忙，那就太尷尬了。

你還要了解基本功能之外的其他可能性——考慮學習對你最有用的功能。身為學者，我在 Word 上寫作了十多年，以為自己很了解它。直到我開始做現在的工作，才了解到格式刷、Shift-F3 和自定義樣式。[1] 在編輯論文時，這些功能可以省掉我好幾天的工夫，只可惜自己對工作流程的熟悉讓當時的我停止學習。別犯同樣的錯誤：在 YouTube 上花二十分鐘，可以節省二十小時的工作。

依目前的技能和興趣而定，你也可能需要熟練操作其他軟體。藝術史學者或許可以練習使用 Adobe Creative Suite，而地質學者或考古學者則可以學習 GIS 繪圖。事實上，一位朋友開始把 GIS 繪圖用在他的河床研究後，就獲得了一份州立林業部門的工作。若你能使用與非學術工作相關的軟體，那麼深入掌握它的進階功能會對你大有幫助。

這不代表你在既有技能上深化就夠了。相反地，我的意思是先從手邊能做的開始也無妨。若有個新軟體或工具對你來說非常有用，那你應該快去學習它。

專業培訓是另一種開發新知識或技能的方式，但培訓課程的品質和成本可能良莠不齊。基本上，只有當某位人脈告訴我某個課程與未來工作有關時，我才會花錢去上。一門課如果索價上千塊美元，那可能太貴了，除非那門課能提供你在專業領域上必要的認證。切記要檢查課程評價，還要先試著尋找其他免費的相同課程：有些專業培訓學校是拐錢的手段，最好不要上當受騙，以免陷入財務困境。

有一種培訓是專案管理，它值得特別討論。在上一章中，我提到許多學者在攻讀博士期間磨練出管理人員和工作成果的能力。如果你想把這種能力轉化為職涯就業力，可以嘗試取得「專案管理師」（Project Management Professional，簡稱ＰＭＰ）或「認證敏捷教練」（Certified Scrum Master，簡稱ＣＳＭ）①等資格，讓你更有說服力。

正如我目前的同事所言，組織重視專案管理師認證，因為他們希望在複雜問題的處理方式上，能更條理分明、具有一致性。如果你符合申請資格，又對領導大型團隊有興趣，那麼這門課也許值得投資。認證敏捷教練這種專案經理會接受特殊培訓，以便協助軟體開發——而這個領域正在蒸蒸日上。對想要在科技業工作，但不會寫程式語言的人來說，該認證可以提供一個入口，因為最新的認證敏捷教練標準不要求要會寫程式語言。相對地，這個頭銜也只證明你熟悉領導流程，有能力保持計畫在預算內按時進行。

無論你考慮取得以上認證，或參加其他正式培訓，請先利用領英來確定這些職業要求的先決條件，再透過人脈來確認哪些課程值得投入。

對於正在大學裡讀書或工作的人來說，還有另一種方式可獲得專業培訓。許多學校仍提供全職員工學費減免，研究生也可能有權修習系外課程。通常你可以在商科、公共行政或法律等領域找到新工作所需技能的相關課程。進修教育部門也可試試看，通常是在晚上授課——你不會是裡面唯一的非常見年齡的學生。

我在杜蘭大學的最後一年就充分利用了這項福利。為了熟悉基本商業概念，我報讀了統計學、金融學、管理學和商業法。除了課本費用，這些課程沒有花費

①譯注：指經過特定培訓並獲得認證的 Scrum 專家。Scrum 一詞源自軟體工程師的工作模式，內容包含目標設定、工作清單、任務分工、視情況更新、檢討改善等步驟，後來逐漸演變成各大企業常用的管理工具。

我一分錢。這還有另一個附加好處。我在查看杜蘭大學專業進修學院（School of Professional Advancement）的要求條件時，才發現自己有資格獲得管理學證書。獲得這個認證，代表一所大學對我的基礎技能給予了正式認可，同時也向人資主管證明了我對轉職的決心和態度。

若說對於這段投入額外培訓的過程有什麼遺憾，那就是我以為自己只適合修大學部的初階課程。實際上，一般學科的研究所課程和藝術或科學類的研究所課程不同，它們並不要求學生一定要對學科已有深入了解。若你想參加一門陌生領域的進階課程，只需像聯絡人脈那樣寫信給教授即可。在信中解釋你的情況，告訴對方你為何想修課，並請求見面討論像你這樣的情況來修課是否可行。

志工服務提供了另一條學習新技能和知識的途徑。首先，在你所在社區找一個慈善機構，寫信給執行董事或計畫負責人，表達支持他們使命的意願。坦率地告訴他們，你正在為轉職充實履歷，並詢問是否可以透過提供己力來學習某個特定技能。也許是透過協助他們的會計來學習管理帳目，或是幫忙聯繫捐贈者，追蹤募款機會。就算是幫忙更新網站或經營臉書，對你們而言都是雙贏：他們可以專注去做更關鍵的工作，你則在數位行銷方面獲得經驗。

別以為一定要花費大量時間在志工服務上，價值才會彰顯。我在轉職階段為兩間慈善機構服務，一間每個月只會花我兩小時的時間，另一間約五小時。這對我幾乎沒有造成負擔。然而，這讓我能在履歷上多加兩行字，還獲得財務策略、募款和計畫開發方面的實戰經驗。我還能因為幫助社區而獲得滿足感——直到今日，我依然持續支持其中一間機構。

本節的最後一個關注點是兼職工作。這方面的經驗特別有價值，因為它完全顯示了你在象牙塔外工作的能力。但並非所有工作都是平等的。要確保這份兼差能擴充你的技能或知識，而且對你夢想中的職業有幫助。當家教或遛狗可以賺錢，但兩者都會阻礙你把時間花在真正有助於你追求新職涯的事物上。記住：**從事瑣碎工作的機會成本極高**。

我很幸運。一位開了間小型資訊科技公司的朋友聘請我幫他在報稅前清理帳目、架構新網站，還有舉辦吸引新客戶的行銷活動。我之前沒做過這些事，但他覺得我能做好——也知道我可以接受比有經驗的人更低的時薪。經過一番遊說，我克服疑慮，答應了他。接下來的六個月很棒：我深入了解了他的科技工作內容，還學會如何在市場上定位他的公司。

你不需要認識老闆就可以開始了：雖然不完美，但零工經濟（gig economy）對像你這樣的人來說很有幫助。每天都有許多公司在尋找會編輯、設計簡報、製作影片的人——任何他們不想花錢請專業正職人員的領域都有人力需求。工作會發布在他們自己的網站、Craigslist，甚至像 Upwork 和 Guru 一類的網站上也都有——它們基本上就是專業工作的 Uber。若你看到自己可能有興趣的事，請註冊並競標工作。這種方法的風險較低，你可以藉此建立一份能展示給未來雇主看的作品集，同時證明自己是個積極進取的人，能在學術圈外做出成果。

對上述種種工作來說，個人的創作活動是很好的補充。就算攝影網站或部落格不能賺錢，你創建的內容也會幫你磨練技能、培養興趣——還有助於你把成果展示給大眾看。

麗姿・瑟格蘭在離開學術界的頭幾個月就發現這件事。在求職的同時，她決定做些果醬來打發時間。網路上關於果醬製作流程的內容非常少，所以麗姿做了網站來討論製作技巧和成品。這件事很快獲得成果：大家開始關注她的貼文，評論她的食譜，也向她尋求建議。沒過多久，她就開始經營一個新的網路形象——還受邀到舊金山一場節慶上擔任果醬評委。最好笑的地方在哪？**麗姿根本沒那麼在乎果醬！**她的副業就這樣自己開展出新生命。

雖然這個故事看起來可能有點荒謬，但麗姿從她的果醬部落格中獲益良多。她必須自己設計網站、搞清楚搜尋引擎最佳化（search engine optimization，簡稱SEO，也就是讓你的網站在 Google 及其競爭對手上排名往前的技巧）、經營社群平台形象，還要處理一連串的問題——和在網路上成為**某領域**的頂尖專家有關的問題。總之，這些技能為麗姿鋪好了路，讓她之後得以跨足新聞業。這條路雖然曲折，但最後讓她達成夢想，成為《快公司》這個理念進步的商業出版品的作家。

我的個人創作活動也得到了回報。二〇一七年的前半年，我經營了一個部落格，用來討論臨時教職問題和記錄我的轉換跑道歷程。它最重要的功能是讓我有個地方可以談論我的感受整理我的思緒，以及練習用非學術的口吻寫作。我希望有人會覺得我的思索很有幫助，但從沒期望會有多大的成功。

結果，我在做這件事的同時，有兩個公司考慮雇用我，而且都要求我在申請過程中完成寫作測驗。這些機會在兩週內接踵而至，每個都要求我試寫我之前從未寫過的類型。要是發生在更早一年，我會被這個挑戰嚇得要死——就算是在二〇一七年，我也很有可能馬失前蹄。

但我卻沒被焦慮擊潰。相反地，我為部落格寫的文字——以及為朋友的科技公司網站做的文案修改——讓這些寫作測驗變得輕而易舉。我甚至在嘗試說服那群假想觀眾時得到了樂趣，而平直簡練的風格我也寫得愈來愈順手了。這種風格顯然我既擅長，也很適合我：兩家機構看到了我的寫作樣本，都邀請我參加面試。

另一個找兼職工作的方式是透過短期工作仲介機構。這個策略的效率很高，但這條路與我在整本書中給的建議都不一樣。從仲介機構找來的工作幾乎不會教你有用的技術。相反地，它讓你可以先進入一間你想全職工作的公司。這些工作感覺起來需求的能力會低於你的實力，事實也的確如此。但一旦進了公司，你就有機會遇到伯樂，讓他對你留下深刻印象。鑑於大多數短期工的名聲，超越對方預期並不難。留意那些主管，當他們在觀察你的時候要表現得積極主動，盡力說服他們你是有價值的。

採用這個策略時，有兩件事要注意。首先，短期工作的機會成本非常高。如果某個職缺無法讓你有機會走向更好的職位，即使工作才剛開始一天，你也應立即辭職。第二，公司的品質及其對員工的支持體系是最重要的考量。對你被分派到的公司進行調查，並優先考慮那些為員工提供自主培訓，以及有公開職缺時優先考量內部員工的成熟公司。雖然身為短期員工，你無法享受這些福利，但若你成功說服某人雇你為正式員工，這些福利將成為你晉升的途徑。

短期工作不適合膽小的人。它需要謙遜、勇氣和努力。其實，曾有位聯絡人告訴我她在職涯早期做過短期工，結果我的自尊心讓我連考慮都不願意。然而，也有一些人成功運用了這個策略：例如大維·恩格爾就充分利用短期工作，從輸入數據的小隔間走到了富國顧問公司總經理的辦公室。

在關於增加經驗的討論中，我沒有提到攻讀一個新學位的選項。雖然若你對未來方向有明確想法，這條路可能是一個選項，但試圖通過教育來擺脫教育的框架，在我看來不是個成功的策略。無論如何，若想追求法律或醫學專業，你需要的指導已超過本書討論範圍。

## 為新活動騰出時間

「但等等，」你可能會想，「我現在的工作已經忙得不可開交了，怎麼可能一邊進行資訊訪談，一邊投入新活動呢？」我會打趣回答你：你正進入學術生涯的「高年級的春天」②。更直白地說：為了打造新工作的知識和技能，你必須將學術工作的責任放在次要位置。

商業中一個常見的概念是八十／二十法則。這條法則的意思是：理論上，要完成一個專案，你付出的前百分之二十的努力可以造就前百分之八十的品質。要從「好」進步到「優秀」，再追求到「完美」，需要投入指數增長的時間、金錢和心力。**若你已經決定離開學術界，那麼在這方面只需追求百分之八十的品質，和百分之二十的努力就足夠了。**

你多年累積的經驗值可能會讓它做起來比看起來容易。在杜蘭大學的最後一年，我已經教授羅馬史太多次了，幾乎可以不做準備就講課。我的學習資料已經寫好，投影片製作完成，授課要點也早就精煉好了。我大可重新閱讀每一條原始材料，微調我的教材——這樣當然會使課程更上一層樓。但正如顧問們喜歡掛在嘴邊的——你獲得的汁水不值得你那麼努力去榨。因此，我簡化了書面報告，好讓評分做起來更容易，而且我只用筆記講課，不再要自己鉅細靡遺熟知每一條材料的細節。

② 譯注：senior spring 常用來描述進入高中或大學最後一學期的學生。通常這段時間相對輕鬆，學生可以享受校園生活、參與活動，或為畢業做準備。

我也開始減少研究工作。當時我還在持續進行學術研究，潤飾想發表的文章，並為未來的計畫進行調查。這些活動實際上已成為習慣：這是我將教學外的時間轉化為學術產出的方式。但我逐漸意識到，我投入其中的每一分鐘、每一小時，都妨礙了我從事兼職工作、寫部落格，或和某位我忽略的某領域專家進行資訊訪談。雖然這些活動各自都不占有重大分量，但他們的總和卻占據我總體生產力的一大部分。暫停這些活動讓我有機會追求對轉職更有幫助的新體驗。

在卸除一些學術工作的責任之際，你要避免自己的表現明顯下滑。身為老師或實驗室搭檔，缺席既不負責任也不道德，還會對同事和學生造成傷害。我建議你**做得更少**，而不是**什麼都不做**。我決定簡化羅馬史工作時，並沒有看到學生對講課的反應或考試成績有任何品質上的變化。事實上，那學期我獲得的評價還比以前都好。我會敦促你盡快追求這種平衡。

也許你擔心學校不會喜歡你只盡百分之二十的全力。請記得，你不需要四處宣揚新態度——也應該沒什麼人會注意到這種改變。最糟的情況是有人反對你這樣做，想要開除你。但這又如何？你本來就計畫要走了，他們也不太可能在學期中馬上找到替代者。相較於從學術工作中拿回時間所產生的回報，這個風險微不足道。

## 擬定策略

雖然一旦從學術工作中抽身，時間會變得更充裕，但它並非無限。你的成功速度取決於自己是否有學習對你最有益的技能和知識。因此，當你開始累積經驗時，需要有個明確的計畫。主要有兩種方法可供選擇：專注於單一一組技能，或追求更多樣化的學習。

如果先前的探索已讓你確知自己想要做什麼新工作，那麼設定明確目標就更加重要。請建構一套技能，裡面要包含你心目中未來的工作所必備的技能。就算這代表你得將所有時間拿來學習 Excel 和 QuickBooks，也要堅持下去。結合你的學術背景，這些新習得的技能或許就足以吸引目光——或至少能向雇主證明你有決心投入該領域。

還不確定自己想做什麼的人，則可以追求更多樣化的體驗。若是去涉獵各種領域，那麼你既能發展出一系列技能，也能找出適合自己的工作類型。

我採用了後一種策略。意識到自己在紐奧良市場中的不足後，我幾乎抓住眼前的每一個機會。我註冊夜間課程，加入一個非營利組織的財務委員會，並開始寫部落格。我開始為一位朋友工作，然後加入了另一個非營利組織的董事會。我曾經用兩週在課後計畫中擔任家教。我甚至召集其他學術領域的臨時教員委員會的主席，共同組成了聯盟。與這些活動同時間進行的，還有我在杜蘭大學教授的三門課、古典學研究學會臨時教員委員會的職位，以及在城市中到處與人進行資訊訪談等。另外，我也很積極投履歷找工作。

光是把這些項目列出來就已令人疲憊——我得承認，做這麼多事真的很累。但這些事合在一起為我的履歷增加了六條新的經歷，每一條都反映一項新技能或成就。事實上，因為在這麼短的時間裡得到了這麼豐富的經歷，所以我能把訪問助理教授職位移到履歷裡工作經歷的第三條。這些繁忙的活動還提供了大量的有趣故事，只要面試主管對我的適應力沒信心時，我就可以拿它們來消除疑慮。

在不同角色之間快速切換也教會我如何迅速變換工作模式。到了這段時期的末尾，我已經很習慣從寫作、教學切換到稅務、會計，或從網站和徵人廣告切換到捐款人和甜甜圈這類事情。我當時並不知道，這種忙碌的行程正在訓練我適應未來的生活：現在，我的工作很少讓我專注在某個任務上超過三十分鐘。

就算只是兼職學習新技能，也有一個額外好處：你可以和那些已經在你的夢想行業內工作的人進行交流。隨著你對這些專業人士的了解逐漸加深，他們看起來也就愈來愈不像活在異星的外星人了。你會發現他們跟你一樣有長處和短處，而且大多數人都很樂意聽取你的觀點。這種熟悉感會很快把你變成他們的同事和朋友——當這種轉變發生時，你也就不再視自己為學術界來的外來種了。你會開始把自己當成他們的一分子。

這種經驗感和親切感的交融，發生在我盡可能抓住所有機會學習新技能的將近一年後。有間我關注一陣子的公司開了一個有趣的新職缺，我立刻開始調整履歷，讓它符合該公司的文化。當我查看那些員工放在網路上的自我介紹時，一件別具意義的事實浮現了出來：這些人就是我當初開始尋找學術圈外工作時，會心生畏懼的那些人。我還是看得出我們在專業經歷上有差距，但差距已遠比十二個月前小了。

在那一刻我才發現，我已經成功把自己塑造成當初希望成為的那種求職者了。我藉著在商業和非營利組織中的工作累積出一系列技能，還習慣了與我想共事的那類人交流。從那時起，我知道自己可以安心地更聚焦於一些事情上。我繼續從事特別重要的幾項活動，但在其他方面，我只投身到能助我成為溝通策略師的活動中。

## 培養公開形象

為了獲得工作，你必須說服雇主，你帶來的價值會超過他們付給你的薪資。這對任何的公司、非營利組織或政府機構而言都是必要條件。因此，你的成功取決於你能否行銷自己。

有些人借鑒了行銷產業的做法，將這種活動稱為「建立個人品牌」。不管你喜不喜歡這個比喻，它背後的概念並不壞。它只是在說，你應該以獨特又鮮明的方式展現自己，並且在所有你會出現的場合都保持一致。在數位時代，這些場合主要包含以下兩者：社群媒體與個人網站。

儘管這不言而喻，但臉書是為朋友而設計的。上面的資訊通常比較私人——可能包含你年輕時的照片，那時的我們可能表現得不太像專業人士。就算你覺得自己的個人檔案無傷大雅，也請把它鎖好。你可以把你的檔案設定成私人，只限朋友的朋友存取，這樣可以預防雇主看到不該看的東西。為防萬一，請把你的名字從那些在酒吧喝掛或從事不法行為的舊照片上移除。我們大多數人都有**那種**時刻，但你的求職之旅就像一場宣傳活動：你要控管別人能看到的東西。

相同的建議適用於 Instagram、Twitter，以及在這本書出版時可能已經出現和消失的七十三個新平台。我的系主任在面對每一批新的教學助理時都會給出如下建議，我認為它是很好的標準：「在說或做任何事之前，先問自己：要是你母親明早在報紙頭版看到它，你覺得可以接受嗎？」在數位時代，這項建議代表著要將你的社群媒體設定為「私人」，還要讓**每一則**貼文都展現專業，因為它可能被更多的觀眾看到。

領英是個特殊的案例。最好把自己在這個平台上的檔案視為數位版的專業簡介。它**最好**要是公開的——而且愈完整愈好。當我更新個人檔案時，會設想自己正處於一場面試中，必須在短短二十秒內清晰介紹我是誰、我如何為團隊帶來價值，以及我的工作內容。在這個層面上，領英就像你為自己的論文準備的「電梯簡報」：一段精要且固定的介紹，可以展現你專業的一面，目的是吸引任何可能受眾的注意。

若你還沒有註冊領英，今天就快去吧！若你有個不常使用的帳戶，去將它設為公開，並開始更新上面的資訊。為了善用領英的每一分價值，請把它視為你的履歷的線上版，每一次你縮小工作搜尋範圍或改進自我介紹時，都要讓兩個版本的履歷同步更新。

你也可以考慮建立個人網站。用這個方法，只要付出低成本就能展現你對自身專業形象的細心維護。像 Squarespace 和 WordPress 一類的免費服務就已經很棒，而且不需要任何 HTML 知識（這是當初阻擋我為自己架網站的恐懼之一——可能洩露了我的年齡）。只需幾小時，你就可以熟悉平台、設計網站的版面，還可以撰寫任何的「版本」（copy，意思是「內文」）文字。

如果你手邊有些錢，甚至可以買一個客製化的網址。花費依伺服器（host）而定，但「.com」這個域名通常只要每年不到二十五美元。講起來可能有點虛榮，但我很樂意負擔這筆費用，好告訴大家可以來拜訪 www.christophercaterine.com。

我的個人網站在我轉換跑道時發揮了多重作用。它包含了我用來練習為非學術受眾寫作的部落格，同時也是展現我個人與專業愛好的平台；它還提供了空間，讓我可以展示自己的知識和成就。雖然自從離開高教界後，網站的內容已有所更動，但最初的版本涵蓋了我的個人背景、臨時教職相關議題、手工啤酒，以及古典學術研究等面向。

除非你找的是平面設計方面的工作，不然一個網站不太可能是某人決定面試你的主因。但它能幫助天秤向你這邊傾斜。藉著在各平台上一致地展現自己，你激發了別人的信心，讓他們相信你就是你所描述的那個人，而且並沒有為了申請特定工作而過分誇大或改變自己。同樣地，透過展示你在寫作、攝影或其他主題上的能力，你會讓他人更容易了解你——還讓他們更想進一步和你聊聊。

無論你決定參與哪些公開的平台，都要勤勤勉勉地**保持積極正面**。我知道學界的人常常透過互吐苦水來聯繫感情，但當你試著開始新職涯時，網路不是展現這種行為的好地方。

如果潛在雇主讀到你嘲笑學生或哀嘆在工作中受到不公，他們不太可能會同情你。相反地，他們會擔心自己可能也會被你這樣談論。到那時候，不管你說得有沒有理都沒差了：你看起來就是個風險。人資主管會轉向下一個候選人，而你還是失業。

這個建議不是說你不能在他人行為不當時指出來，反而是要提醒你，在決定以書面形式提出批評、並將其放到全世界都能看到的網路上時，請謹慎而為。身為一個正在轉換跑道的人，你已經處於不利地位，別再用上網發洩心情來增加更多風險。請將抱怨留在現實世界的安全環境中。

## 尋找職缺

「海投履歷」是個很誘人的選擇。雖然你的確會很想撒下愈多餌愈好，但毫無節制地這樣做幾乎從來不會讓你釣到喜歡的魚。

學者常常犯這種錯誤——高薇（Vay Cao）就是受害者。開始找工作時，她的目標設定在所有她的履歷可能合適的職位。起初她不明白自己為什麼沒有收到任何回覆。

高薇比我勇敢：她保留了這些申請文件，偶爾會回頭看看自己寫了什麼。這讓她發現自己經常不知道該怎麼解讀工作所要求的條件。例如，你可能會認為，身為一名老師，自己很適合一個正在尋找擁有「出色溝通技巧」人才的非營利組織。但除非你知道這個詞彙在那個脈絡下是什麼意思，否則你在列舉自己的能力時很可能會文不對題。

因此，許多學界的人申請了他們完全不符資格的工作，卻永遠搞不清楚狀況。高薇學到了教訓：這種無知使人浪費大量時間。好消息是，如果按照我之前建議的方式進行過探索，你應該更有能力避免這個陷阱。

在尋找職缺時，你可以善加利用多種資源。我前面已經提過了領英。愈來愈多雇主會先在這個平台上發布職缺，所以最好定期檢查它。你可以按職位、技能、薪水、地點和其他一系列標準篩選職缺。切記時常更新你的個人檔案：有時公司會讓你透過領英上的連結直接向它發送申請。

大多數組織也在自己的網站上設計了公布職缺的頁面。如果你已知道自己想為特定公司、非營利組織或政府機構工作，請每個月檢查他們的職缺欄。如果那個組織**只**在自己的官網上公布職缺，那每週都要檢查。在學術領域以外，很多職缺往往是人事主管一找到適合的候選人時就會馬上錄用，而非等到既定的申請截止日期之後才做決定。

還有像 Indeed.com 和 Monster.com 這類大型求職網站（在撰寫本文時，這兩者是美國最受歡迎的）。正如領英，它們提供大範圍的搜索條件，讓你找到符合需求的職缺，有時甚至也可以直接通過網站申請。不幸的是，很少有學界人士透過這種方式獲邀面試。這些網站會自動篩選申請者的特定技能和經驗，所以你的履歷可能根本不會被真人看到。我仍然會定期瀏覽這些網站，在上面尋找適合我的理想職位，但除此以外，應將這些平台視為工具之一，用來辨認適合的職位名稱，以及整理出夢想職位需要的技能清單（正如在〈探索期〉那一章所提到的）。

當地的求職網站通常更好——這是我個人更幸運的地方。透過它們來開缺的組織通常規模較小，對於相關專業背景的思考也較為靈活。這些組織也更常期許自己能錄用當地人。若你已住在自己想就業的地方，這就很有幫助。

你也可以參加任職的大學舉辦的就業博覽會，或參加母校舉辦的交誼活動。在這些場合與人交流，好處是通常可以避開那些阻礙非典型申請者的線上篩選程序：你可以直接將履歷交給負責徵人的專員，讓他們送到合適的地方。不過要確認你有充分準備好你的自我推銷。身為一位特殊的參與者，你需要清楚說明自己能為該組織增加什麼價值——也要對職缺提出聰明的問題。

某些計畫也致力將擁有高等學位的人才引入關鍵領域。例如，美國總統管理獎學金（American Presidential Management Fellowship）旨在將近期碩士、博士畢業生與行政部門機構的職缺對接。許多政府機構同樣有內部計畫來訓練聰明人士投入重要工作。聯邦調查局（FBI）會讓博士學位持有者參加他們的特務計畫，前提是你能滿足工作的體能要求。一位曾經申請該局的朋友告訴我，那是他遇到的**唯一**一個不質疑人文學博士學位益處的雇主。此例不孤：在替另一位朋友的身家調查提供品格擔保時，一位特務同樣鼓勵我將智慧投入為國家服務的行列。

找尋職缺的最後一種方式是通過獵人頭（headhunter）。公司雇用這些專家來幫忙填補職缺，找尋那些他們想要長期聘用的人才。在這種情境中，你其實完全不冒任何風險：獵人頭的薪酬會是你談成的薪水的一定比例——但那是公司要付的。雖然我不認識任何透過此道成功的學界人士，但如果你找到一個獵人頭，他對你的故事大感興趣，還想幫你推銷履歷，那就大膽前進吧。

不要在以上幾種方法之間選來選去：試愈多種方法愈好。每週至少丟出幾份履歷，也大可以在同一間公司申請多個職缺。不太會有主管注意到你申請了不止一個職缺，那些注意到的則可能對你的堅持感到好奇。有一次，一位執行長因為我的名字在短時間內多次出現在他的桌上，就邀請我面試一個他知道我無法勝任的職位。

當你獲邀去和某人面談，永遠都要答應。就算你覺得自己不想要這份工作，也還是會從這次練習中受益——而且在見到工作團隊、對這份工作了解更多後，你可能會回心轉意。

## 和對的機會搭上線

有些人建議離開學界的人應該要鎖定小公司。這些公司在申請者和雇主之間設置的障礙較少，使得跨越我稱之為「企業護城河」（corporate moat）變得更容易。一個只有三十人的組織不太可能有機器人篩掉你的履歷，而且早上瀏覽你的檔案的經理，可能下午就與執行長一起做客戶工作。如果你的履歷中有某些搶眼的部分——例如博士學位或教授經歷——那麼單純出於好奇，他們可能就會打電話邀請你來面試。

相反地，進入大型組織的門檻可能更高，但他們也更有能力吸收讓你上工的成本和風險。全球顧問公司就證明了這項原則。由於公司規模龐大，新員工的學習適應期——通常是最初六個月或更久一些——對他們來說幾乎不造成負擔：這份壓力被平攤到了**無數個**專業人士身上。[2]此外，這些公司擁有完善的培訓計畫，能夠在不增加同事太多負擔的情況下幫助你順利適應新工作。因此，一旦你進入了面試流程，在這些組織——或任何雇用數百人以上的公司——獲得職位的可能性就比較高。

經驗告訴我，這兩種理念都有其真實性。當我試圖引起精品公司的注意時，我獲得了不少會面機會。但最後是一家全球公司決定聘用我。

無論是在何處找到職缺，若這份工作與你的技能、興趣和背景特別符合，就要特別留心處理。根據這個職缺調整履歷裡的摘要，並在文件的主要位置標示出他們要求的工作技能。若他們要你透過電子郵件寄出履歷，請隨信附上一段簡短的文字，總結你適合這份工作的原因。記住：沒有人會先假設你能為他們增添價值。你有責任說服他們：跟你進一步聊聊，得到好處的會是**他們**。

求職時，你不必在寄出履歷與電子郵件後就停下來。若你的朋友或聯絡人也在那個組織工作，請他們向負責招聘的人提到你的名字。你不需要多說什麼。要獲得面試機會，最困難的部分是讓你的履歷得到注意，而單是聽到你的名字就可能改變這一點。當然，如果你的聯絡人能夠幫你說好話，那很好，但請把這件事交給他們自己判斷：他們比你更了解組織的文化和人事，如果你在請求幫助時謹慎行事，他們才更有可能伸出援手。

如果你不認識該公司的現任員工，可以試著透過二度關係引起注意。在領英上查找與你申請工作的公司內部員工有聯繫的人，接著請他們把你介紹給那位員工。做這件事時，要注意只請求進行**資訊訪談**。把這次交談當作了解該組織的文化和運作情況的好機會，尤其是從一位對該公司職缺感興趣的人的角度來看。如果訪談進行得很好——且對方願意、又有權替你說話——他們很可能會在通話結束前表明態度。

你也可以直接和人事主管取得聯繫，無論是打電話或是親自見面都好。這麼做能顯示出你對這份工作的熱情，而且在目前多數徵人活動都在線上進行的情況下，這一定會讓你在眾多求職者中脫穎而出。正如先前所說，這種方法幫助麥可．齊姆在他家鄉一間小型數位行銷公司獲得了面試機會。但請小心讀空氣：如果你感覺到某間公司或招募人員不歡迎直接聯繫，請立即停止進一步行動。

關於這項主題的最後一個建議：請在申請工作的同時繼續建立人脈。羅．阿德樂（Lou Adler）的研究顯示，百分之八十五的工作是透過引薦找到的；根據他的評估，若你在找工作時積極維持關係，雇主注意到你的可能性將提高七倍。[3]

## 為終點線預先規畫

在申請那些即將成為新職涯起點的工作時，你也應該花點時間思考：等到真的被錄取時要怎麼回應。進行這樣的評估有許多原因。首先，你未必會**想**接受錄取你的第一份工作。理解自己的情況擁有多大的靈活度，會幫助你做出符合自身利益的正確決定。第二，好機會可能會在壞的時間點來臨——你可能被迫做出困難的抉擇。

若你所處的情況是必須接受任何獲錄取的工作，那一點也沒問題。沒人說你得一輩子做那份工作。綜貫全書，我的建議都是引導你找到自己滿意的**職涯發展**，而不只是一份新工作而已。把那些看起來不太好的工作視為「起始跳板」，利用它們打造新技能，直到你的資格搆得上更好的機會。請持續經營人脈、找新工作，這樣你才不會被困在討厭的職位上。

若有餘裕等待一份真心喜愛的工作，現在就是回顧你在辨識過程中優先考慮的價值觀，並確保找工作的方向仍與目標一致的大好時機。請衡量自己可負擔的等待期長度，為自己能推遲多久才開始做新工作設下上限——尤其若你是在失業期間做這件事的話。「可負擔」不僅指財務支持而已：你的個人心理健康同樣重要，而雇主能接受前學術人士的履歷上有多長的空白，也必須考量進來。

對我來說，這階段的挑戰是預防我對紐奧良的熱愛威脅到我的財務穩定。眾所皆知，這裡的就業市場是有限的，而且就在我求職期間，一家當地報紙甚至刊登了一篇報導，內容是關於年輕專業人士為了更好的機會而離開本地。在這個風險的前提下，我和妻子設定了期限：若我在領最後一筆薪水後的六個月內找不到工作，就擴大搜尋範圍到其他地區。我們不想離開這裡，但也知道只有一份薪水是撐不下去的。

如果你一邊活躍於學術界，一邊尋找新工作，也可能在學期中收到工作邀請。若發生這種情況，你將面臨棘手的道德困境：立即接受新工作，還是完成教學？這個決定並不容易。一方面，你必須考量你為轉職所投入的心血，和這份工作提供給你的前景。另一方面，你可能會擔心自己突然離開會傷害到他人：你的學生、同事或實驗室團隊。

最理想的情況是你與新雇主協商，讓自己在學術學期結束後才開始這份新工作。是的，你有權利進行協商。而且，是的，上工日期是這些協商中很常見的議題。有些雇主甚至可能會欣賞你想延遲上工日的願望：如果你表現出對現任老闆的尊重，履行你所承諾的工作，你的新老闆可能會推斷你也會為他們做同樣的選擇。但不要把所有槓桿都拿來幫助你的學校，卻沒有為自己爭取到額外的好處。是的，你可以——並且應該——在薪水上進行談判。

若突然從學界抽身會對其他人產生巨大影響，你可能會想就到職日這件事談判得更積極。例如，你可能有實驗室同伴或研究夥伴，他們的成果仰賴你持續投入；或是你的學院可能有大量的第一代大學生或低收入戶學生就讀。在這些情況下，請盡一切努力做到對每一方都公平——並讓道德感引導你的最終決定。

不幸的是，有些工作可能只在你立刻上工的情況下才會給你，逼得你若不是臨時離職，就是放棄機會。這種情況下，我強烈建議你接受工作，讓系所或同事處理善後。雖然我的這項建議不符合一般期待（編輯和評論人都要求讀者對此保持一絲遲疑），但我已經開始相信，在學期中辭職是改變這套獎懲機制的唯一方法，而就是這套機制讓現代的學術工作變得如此艱困。

儘管可能對同事和學生造成不利影響，但有許多原因讓我認為做出這種決定是適當的。

首先，在任何合約談判中，你首要關注的應該是自己的成功和幸福。你已為這一刻努力了數月，不該因為對一個不太重視你的老闆抱有義務感，就放棄一個渴望聘到你的雇主所提供的工作機會。

第二，雖然高教文化讓你相信自己務必把整學期教完，但你其實未必有義務這麼做。我仔細檢查過我的合約和行政條款。兩者對這個問題都沒有明言。原因並不難理解：我住在一個「工作權利受保障」（right-to-work）的州，該州允許任何一方在任何時候出於任何原因終止雇傭關係。這導致了一個奇怪的事實：合約設定了我教學的明確時間表，但沒有建立任何機制來防止我辭職。若你和我情況相同（大約一半美國讀者會是如此），你或許能在沒有嚴重後果的情況下離開教學工作。只要確保你有仔細閱讀合約，並在採取行動前諮詢大學申訴專員或法律專家。

我認為你應該離職的最後一個原因最為重要：若大學想把你拴在教職上直到學

期末並以此獲得安全感，他們應該為這個特權付出相應的代價。其他行業用薪酬來留住優秀人才。而學院和大學則濫用你的熱忱、善意和奉獻精神，以極低的成本達到相同目的。大多數美國高等教育機構向學生收的學費大約是支付給你的**十倍**。透過比較，可以清楚看出這種情況有多荒謬：在會計、法律和顧問等行業，若能以服務成本的四倍價格向客戶收費，就會被認為是優渥的報酬。

學校之所以能逃避這種行為的後果，是因為很少員工擁有足夠的影響力或機會去對學校進行有效的反擊或抗議。整個教授群體因此受苦，並且持續受苦。實際上，這個群體的薪資一直停滯不前，但其他專業人士，包括學術行政人員，則取得了顯著進步。如果你想為身後的前學術同行做件好事，那就讓學校明白待你不公的後果：學期中得填補教學空缺，會造成不便；課程和學分若因學校不採取行動而消失，可能會引發大學部學生（及其父母）的憤怒。

雖然這項建議在某些圈子裡可能不受歡迎，但迄今為止，糾正學術勞動市場嚴重失衡的嘗試都已失敗。我認為現在必須施加不同類型的壓力。在學期中辭掉學術工作可以表明你對高教界「兼職化」的失望，並準備退出該系統，而不是繼續維護它。若這樣的發聲次數夠多，甚至可能引起學院院長、校長或董事會的回應——也許會迫使他們更公平對待你的學術同事和朋友。

若你得自己做這個決定，請知道這個困境不僅是理論上存在而已。二〇一九年，我有位朋友面臨了這個難題——並選擇接受了新職位。在面對因他的離開而變得更辛苦的同事和學生時，上述擔憂帶給他沉重的壓力。即便如此，他仍然相信自己做了正確抉擇。對於可能遭逢同樣困境的你們，他允許我和你們分享他的建議。

首先，諮詢你的大學申訴專員。這些人是專門負責處理人事問題的專家，你與他們的對話通常都會保密。他們可以幫你弄清楚你的權利範圍，以及在合約結束前就離職的話，需要遵循哪些行政程序。

第二，請誠實但言簡意賅。要在簽好新工作的合約後，才告知系主任你將離職。在進行這場對話時，要堅定告知你的離職日期，無需詳細解釋辭職原因。若有需要，轉而解釋你在離職時需要遵循的程序：很少有系主任遇過這種情況，這些資訊可以省去他們打給申訴專員求助的麻煩。

第三，要有心理準備，這件事會造成痛苦。讓同事的生活變得更困難並不會讓你感到快樂，但最終來說，處理離職帶來的各種苦難是系所的責任。如果你有能力（且願意）推薦一位教授來替代你，或者若分享你的課程教材會對事情有幫助，那就盡量這麼做。

最後，請想想看學生可能想要知道什麼。很少有學生會理解學術就業市場的複雜動態。先想好怎麼說明自己為何要離開一份如此擅長的工作——並清楚告訴他們，你的離開與他們無關。我的朋友告訴學生自己辭職的消息時，感覺就像是父母在告訴孩子關於離婚的決定。他的學生也同樣感到受傷。他們渴望得到安慰。有些人哭了。

儘管這些工作上的互動很困難，我朋友相信自己在學期中離職的決定是正確的。學術文化可能不鼓勵大家利用「意願就業」（at-will employment）[3]為自己謀利，但高等教育的商業模式本身就是冷酷且具有交易性質。他的學校從未提供他一份長期工作，而且曾多次臨時短取消他的課程——然後按比例減薪。當他必須選擇是繼續忠於目前工作，還是擁抱新的機會時，這個決定其實並不難。

## 結論

本章的重點——事實上，也是整本書的核心思想——是你要自己創造運氣。雖然增加履歷投遞數量確實可能增加找到工作的機會，但它並不是線性增長的。如果你知道自己想要什麼類型的工作，並根據它來塑造履歷、讓你的名字從申請者中脫穎而出，那麼就更有機會引起主管注意。

你現在或許會好奇，為何我尚未談及如何在**面試**中取勝，這一章就要結束了。實際上，關於這件事，我沒有更多具體的建議可提供。經過數個月的資訊訪談、製作履歷和開拓新經驗，你已經準備好迎接機會了。你已知道要研究你的會面對象、了解對方的思維方式、用好懂的詞彙表述你的經驗，還有解釋你的技能（無論是舊的還是新的）會如何為這個組織增值。

請充滿自信地開始面試。請相信那感覺起來會像自己已經習慣進行的那些對話。訊問式的面試很少見。若你適合這份工作，你分享的有趣故事會推動對話的進展，幫助你透過互動與雇主建立良好關係。你會發現，談到那些你有信心能勝任的工作時，興奮感會愈來愈強——這將是你無需放棄的第二條職涯之道。

## 行動項目

1. 把你的資訊訪談當作指南，找出三個你有興趣任職的具體職位。利用領英和公司網站來確定這些工作所需的技能和知識。
2. 研究並找出三個你感興趣且願意支持的當地慈善機構或非學術倡議活動。寫一封簡短的訊息給每個機構，看他們是否能安排一個位置給你，讓你培養第一點裡列出的技能。

③ 譯注：「意願就業」是美國勞動法的特色。在這種制度下，雇主可以隨時出於任何原因（只要不非法）解雇員工，而員工也可以隨時辭職。此種就業協議使雇主和員工之間的關係更加靈活，但員工的工作保障也較低。

3. 檢查社群媒體帳號的隱私設置，並更新你的個人公開資訊。若你有個人網站，檢查其設計是否簡潔、文案是否無誤，以及頁面是否反映了你新的專業形象。

# 第六章　應用期

開始準備轉職超過兩年後，有一天我和妻子到餐廳共進午餐，慶祝結婚週年紀念日。餐廳燈光美氣氛佳，食物美味，但我已經焦慮好一陣子了。

三週前，我正在爭取四份不同的工作。一個和我說好要進行第二次面試，但再也沒回電。另一個決定錄用別人。我以為第三個進行得很順利，但我的聯絡人已經沉默了一週。感覺我身邊的機會一個個在蒸發。即使如此，我對最後一份職缺的感覺很不錯：我透過某次資訊訪談認識了人事主管，我的學術和非學術經驗非常適合該職缺，而且面試過程中我都保持輕鬆和自信的態度。

甜點上桌時，我的手機響了。雖然是結婚紀念日，我還是離開了妻子，趕緊到戶外接電話。我很確定自己的漫長等待終將結束。但電話另一頭的語氣有些含糊。經過尷尬的兩分鐘，他終於坦承：他們把工作給別人了。

回到餐廳，我臉上的表情已說明一切。我們默默吃完甜點，結完帳，離開餐廳。在車內，我感覺自己的焦慮不斷加劇。我的心臟砰砰跳，目光飄移不定，說話雜亂無章。等到終於停好車，妻子告訴我，是時候揭曉最後一個結果了。我仍然記得她耐心地坐著，看著我在手機上敲打一封電子郵件——我又多花了無謂的五分鐘檢查用字，她也忍著沒催我：

> 相信您一定因為節日將近而十分忙碌，但已經過了一週了，我希望能了解您是否已對這份職缺有所決斷。若還沒的話，請別擔心——只是擔心大家在忙著慶祝國慶日時，我的申請可能會被遺漏。克里斯敬上

我感到滿意但顫抖著手，然後按下「送出」。無論如何，我很快會知道自己的

命運。回信不到一分鐘就寄來了：

> 已經向人資發送錄用確認，所以國慶日過後你應該很快會接到消息。
>
> 週末愉快。

隨著短短兩行字的意思在腦海裡沉澱，我的下巴掉了下來：我不再是個學者了。

## 為變化做準備

獲得第一份非學術工作的喜悅是無與倫比的。可以好好慶祝一番，但要知道接下來有三個嶄新且令人卻步的問題要面對：

1. 我做得了我剛剛答應的工作嗎？
2. 要把它做好，我需要養成或拋棄哪些習慣？

3. 怎樣才能盡快適應環境？

離開學術界時，在這些方面感到疑惑是正常的。事實是，你並不真的知道新工作做起來是什麼感覺——而且很可能你放鬆沒多久就會遇到考驗。

容我說幾句讓人安心的話。首先，你的新組織的成功取決於你的成功。除非同事驚人地無能，不然他們不會直接把你丟進深水區，測試你會不會游泳：他們會一步步培訓你承擔起責任，盡可能協助你平緩地步上軌道。負責進行員工訓練的人也會知道你來自非傳統背景——也會預期你對工作內容的掌握有高有低。

第二，你能應用在新工作上的技能可能比你以為的多。正如在其他章節所討論的，學術工作非常多樣化。每天你都必須進行研究、分析和呈現資料，並根據不同受眾量身打造訊息。你時而扮演維持紀律者，時而提供支持，也要關注學生的心理困擾，還要找出方法來挑戰那些有潛力更上一層樓的學生。多年來在各種角色之間切換，你已能在陌生環境中行動自如，同時也能快速學習如何把事情做得盡善盡美。一旦真正開始工作，過去的經驗將以意想不到的千百種方式來協助你。

第三，只有當人們相信你能達到工作所需的水準時，他們才會讓你擔任某職位。沒人會出於同情而雇用你——因為如果下屬表現不佳，責任最終會落在主管身上。所以把恐懼放一邊吧。就算你覺得自己還沒完全準備好，其他人仍會把你視為一位聰慧、充滿熱情的新員工，並認為你能為團隊帶來新觀點。同時，就像對待所有新員工那樣，他們也有心理準備你會犯一些錯誤。

## 犯錯：一個案例研究

現在這份工作做了十個月後，我有個機會讓某位主管對我留下好印象。我等這個機會已經超過一年了。該主管在前一年春天同意與我進行資訊訪談，接著把我的履歷轉交給正在負責徵人的同事。他就是幫助我獲得關注、讓我能離開學術界的**那個人**。我不想讓他失望，而且我對這份工作上手得很快，這讓我有自信去大膽嘗試。

那個詞又出現了。自信。我被指派負責發想一項重大議題，還要負責做簡報，但我搞砸了：會議中，高層對我提出的方案反應冷淡。在接下來的計畫案裡，我原本希望打動的那位主管接手了我的工作，而我只被分配到一些次要任務。

這個結果與我原先的想望背道而馳。我對自己很失望，而且這慘烈的失敗就發生在我最想贏得信任的人面前，實在讓我尷尬無比。然而幾週後，我們有一次機會聊聊這件事。這位主管對我的失敗不以為意，還掛保證說菜鳥會犯菜鳥級的錯誤非常正常。若十八個月後我還犯類似的錯誤，我們才需要好好談一談。現在，他樂於將之視為一次學習經歷。

過了一會兒，他甚至咯咯笑了起來。他說自己剛進公司時也曾努力在景仰的人面前奮力表現，現在看到別人也對自己這麼做，感覺很有趣。到最後，他不僅舒緩了我的憂慮，還把我的不適感轉化為兩人之間的連結。

## 克服文化衝擊

你要知道，一些錯誤——即使是尷尬的錯誤——並不會毀了你的新工作。然而，也別犯錯成習慣。避免犯錯或行為不當，最終的關鍵在於理解周遭環境的動態，尤其是與人際互動有關的部分。對學者而言，這個挑戰是：這個新世界一開始彷彿完全是陌生的。

每個組織都有自己的文化和說話方式。就算你過去幾個月勤奮地進行資訊訪談，新同事仍然會用不一樣的方式講話、做事，甚至連互動方式都和你熟悉的不同。身為這個新生態系統中完整且平等的成員之一，你需要從他們那裡學習，並相應地調整你的行為。

我們先從語言開始。許多人用的詞彙聽起來可能會像納瓦霍語（Navajo）[①]、希臘語或艱深的文學理論術語一樣陌生。如果你在一間與科技和軟體開發有關的組織中，同事可能會整天把 scrum 和 stack[②] 掛在嘴邊、把「敏捷」（agile）[③] 當成名

① 譯注：納瓦霍人是美國西南部原住民族群之一。納瓦霍語在第二次世界大戰中曾被當作一種密碼語言來使用，幫助盟軍傳遞祕密消息。

② 譯注：在技術和程式開發領域中，stack 通常指將一系列的技術、軟體或工具組合起來，以建構和運作應用程式或網站。

詞來用，或擔心服務指標（service metrics）和成果交付（deliverables）。其他領域也會有自己常用的術語。若你覺得無所適從，只要提醒對方你沒有技術背景，請他們用通俗的語彙解釋即可。

不論是哪個領域，你可能會聽到大量的抽象名詞和動詞（想想「○○性」和「○○化」這種字眼）。人們經常堆疊這些術語，因為他們覺得使用「深奧的字」（big words）聽起來很聰明。這種習慣導致了像「我們需要利用過去實施的策略性學習來最佳化我們的銷售展示」這樣過度密集的怪異表達方式。它可能聽起來很難以理解（更別提在英語裡聽起來有多悲慘），但在習慣這種溝通模式的團體中，它的確能傳情達意。你不必也這樣說話，但要學會在別人這樣說的時候跟上他的意思。

你也可能看到大家把詞彙併成一團，違反你的老師教你的所有拼寫標準。「同時進行軟體開發和資訊技術營運」（Simultaneous software development and IT operations）聽起來不夠酷，所以科技人士稱之為DevOps。Accenture 這家公司的名字源自於他們將**重點**放在**未來**（put the *accent* on the *future*）。市場顯然覺得刪掉母音和特殊拼寫看起來很有未來感（例如 Tumblr、Scribd、BHLDN）。各種變化真的是無窮無盡。學界外的人似乎喜歡創造混成詞④，就像八卦專欄作家喜歡幫明星夫妻取綽號一樣。

離開學術界，也意味著要學習新的縮寫字。你可能**認為**自己已是這方面的行家，但在其他專業領域，這些看似詞彙的字母更是層出不窮。RACI 矩陣、KPI、SOW 和 NDA 只是入門。[1] 每個行業都有自己常用的縮寫方式，你需要時間和練習才學得起來。若擔心時常詢問術語的意思會拖慢對話，請記住，只要在搜尋引擎裡將縮寫加上行業別來搜尋，大多都能立即獲得解答。

不同的新語言未必每次都讓人困惑。離開學術界兩年半後，我仍然對專業職場上的信件裡如此頻繁出現表情符號（emoji）感到驚訝——在工作中，我幾乎**每天**都

③ 譯注：在管理和軟體開發領域中，指以靈活、迭代和協作的方式進行專案管理和軟體開發。

④ 譯注：混成詞是透過將兩個或多個語詞的一部分融合在一起，鑄造成新詞。常見的 brunch（早午餐）即是一例。

會用到它們。😛

派翠夏·索樂很了解那種被截然不同的說話方式搞得暈頭轉向的感覺。還在從事拉丁美洲研究的時候，她不管是交談、思考或寫作，都只使用西班牙語和葡萄牙語。事實上，她在美國住房和都市發展部（Department of Housing and Urban Development，簡稱ＨＵＤ）的工作是她第一個使用母語英語來溝通的專業工作。但在這份工作中接觸到的英語，聽起來根本和以前聽過的都不同。因此，有時她會反應太慢，或錯過討論重點——正是你在投入新工作時最不想遇到的事。

派翠夏經歷的文化衝擊就發生在自己的國家裡，這條學習曲線很陡峭，而且全然在意料之外。但陡峭並不代表無法克服，尤其是對一個習於學習新知的人而言。漸漸地，派翠夏辨認出最常出現的那些術語，也透過對話脈絡或直接請教他人來理解其含義。不知不覺中，她也講了一口流利的辦公室語言了。

翻越了初期障礙後，派翠夏開始從同事中脫穎而出。沒多久她就獲任更重要的職位——甚至有人邀請她去領導住房和都市發展部的其他團隊。這段經歷後來也造就她的第二次轉職：最近她已從專案分析師工作離職，成了一名資訊技術專家。

除了學習新語言，你還要適應辦公室中隱微的規則和互動模式。有的單位很講求形式、階級分明，有些則喜歡平等的氛圍。事實上，每個政府機構、企業和非營利組織都有自己的文化。每種文化都有不同的風格，影響著大家的衣著方式、資淺和資深員工之間的交流模式、決策的制定與傳達，以及不可勝數的各種細節。這些細節決定了工作將如何進行。你若適應了這些規範，就能更快成為團隊的一分子，並讓任何對你抱持懷疑的人相信你確實很適任。

對於這些看不見的潛規則，面試時你會感受到一些徵兆，但只有在實際的工作中，你才會知道大家是怎麼互動的。要更快適應，首先請多觀察少發言。在搞清楚工作要求及個人行為如何影響特定情況前，很容易讀錯空氣。在工作的頭幾個月，新同事會原諒這類錯誤，但想辦法減少錯誤能讓你盡快獲得信任和尊重。

和同事閒聊時需特別留意。當新同事開始對你敞開心扉，你也會很想這樣做。如果話題是關於運動或家庭，那當然沒問題。但如果出現任何抱怨同事、客戶或公司本身的徵兆，你就要小心了。在你摸透辦公室政治之前——這可能會花上一年半或更長時間——保持正向的態度是最安全的。這可以避免別人把你視為愛抱怨的人，或你因無知而發表的評論被不該知道的人知道。

行事謹慎並不代表你要孤立自己。請向盡可能多的人徵求建議，也要嘗試與不同部門的同事互動。你很容易會被引你入門的人吸引，但即使對方立意良善，他也只提供了一種觀點。要在新環境中茁壯成長，最好從多方來源蒐集資訊，盡可能全面了解組織和其文化。

一個好技巧是向合適的人提出正確的問題。執行長或執行董事（executive director，縮寫為XD，指非營利組織中職位等同於執行長的人）可能沒時間告訴你如何記錄工時，但她可能很樂意和新進員工聊聊自己是如何在市場上定位組織的。相反地，祕書可能不太了解財務策略的細節，但他可能是最了解組織結構和辦公室互動方式的人。剛上工的頭幾天常被比喻為從消防栓中喝水。在那種洪流中，你要特別努力記住誰知道什麼，這樣以後就可以更有效地蒐集資訊。

當你想尋求幫助時，也要記得尊重別人的時間。和「誰」、「什麼」或「哪裡」有關的問題，通常可以在組織的內部網路或書面政策中找到答案。請自己找這些資訊。若想知道某事是「如何」或「為何」做的，你會發現同事通常很樂意和你分享觀點。只要確定你有問對人——若有更好的詢問對象，請他們介紹給你。

若這些建議聽起來顯而易見，那是因為適應職場環境和進行學術研究並沒有太大的差異。上工的前幾個月很適合用來觀察組織、評估其運作模式、綜合各種發現，並進一步發展假設和進行驗證。不同的是你現在就身處於事件之中：你的推敲可能會產生真實且立即的後果。

大衛．史蒂文斯斯巧妙地穿越了這條窄廊。他以政治學準博士的狀態離開普林斯頓後，在紐約的智庫工作賦予他雙重責任：幫助商業人士理解國際政治，並參與政策會議和記者會。因此，大衛不僅要學習公司文化，還要了解其他三個新領域的語言、思維模式和動向。

無論大衛如何模仿這些團體，別人總是用學術咖的角度來解讀他的行為。諷刺的是，他們抱持的理由都不一樣：記者覺得他喜歡長篇大論，不喜歡寫短小精悍又立竿見影的文章；政策專家覺得他比那些「腳踏實地」的實際參與者更愛套用理論。因此，他的觀點總是顯得與眾不同，大家都會注意到。

大衛將文化知識和這種無法完全融入他者的特質結合起來，轉化為自己的獨特優勢。他跟每一個團體的專家都能進行深度討論，並將重點轉譯成其他領域的專家能理解的語言。如今，他以一個既是旁觀者、卻又具有內行見解的身分來質疑他人的假設，協助他們跳脫自身視野的局限——這種能力的基礎正是源於他對理解不同領域如何思考、說話和行動的好奇心。

## 建立新關係

我原本以為，在我的新工作裡，**效率**會是把事情做好的首要標準——顧問不會花時間閒聊，而是開門見山處理公事。從外部看，這個假設符合直覺：這一行的風險高、報酬豐厚，人們都有強烈的動力想獲致成功，無法想像怎麼會有人關心我週末過得怎樣。但我很快就學到，和專業人士工作，良好的互動絕對不可或缺。小至電子郵件往來，大至策略規畫，融洽的關係是所有事物的催化劑。因此，閒聊很諷刺地能促進效率。

除非是在截止期限前一天的晚上七點，或高層主管明確表示他們不想聊天，否則花幾分鐘閒聊對你很有好處。關心別人的孩子好不好、他們是否也跟你一樣遇到塞車、下一個假期有什麼計畫，任何事情都可聊一聊。創造出友善的空間，也要理解你身邊的人**也是人**。這會建立同理心和信任——你永遠需要的兩項資產。

原因很簡單。每個團隊遲早都會面臨意外的挑戰，例如資金流失或錯過截止日期。這種事發生時，大家的狀態都不會是最好的。你會不得不加班工作、承擔更多責任，還要盡其可能來挽救局面。在那種時刻，一個建立在閒聊時某件細節上的小玩笑可以緩解緊張氣氛，讓大家不至於崩潰。

好消息是，經過多年的教學和數個月的資訊訪談，你應該對於建立良好關係已經駕輕就熟。你已經非常善於和單人或多人進行交流，也會察覺眾人的能量如何讓討論愈發熱烈，並隨時居中調節，與他人建立更好的連結。在你與工作場所中的其他人互動時，這些技能會自然而然展現出來。培養關係時，請記得把握我在全書中提及的技巧：為自己準備一段簡潔的「電梯簡報」，秉持「多問少答」原則，留意對方的語氣和肢體動作，讓他們引導對話。

## 在公司（或政府單位，或非營利組織）中力求表現

當其他人準備好做正事時，你就該直接切入主題。專注於和對方有關的細節，在電子郵件中尤其如此。最佳做法是在前兩行就明確告知需求、涉及人員，以及需要的時間。不用擔心這樣會顯得無禮。事先說明關鍵資訊**其實**是一種禮貌，因為這可以節省對方的時間，降低他們漏失重點的機率。除非清楚知道有迫切原因必須繼續閱讀，不然大家不太會去讀主題與摘要以外的內容。

同時，請避免對每個請求都詳加解釋原因。很少人在乎自己**為何**需要做這件事：他們只想知道自己該做什麼。過於詳細地說明自己為何必須做這個要求，只會

招來指手畫腳。想知道更多內情的人自然會再追問你。

對我來說，言辭簡潔是一場持續的戰鬥。學術訓練要求你閱讀與主題相關的全部學術文獻，列舉以往方法中你能找出的每一個問題，然後才推薦另一種選擇或提出結論。眾多準備工作是為了讓你有權在某一主題上發表高見——至少在你變得資深或你的觀點本身就具有分量之前是如此。經過多年的訓練和實踐，要打破這種慣性很難。

但請記住，在學術界之外，實際結果幾乎比什麼都重要。在瞬息萬變的市場中，你永遠無法把所有細節研究透徹，或對某項行動有絕對的把握。「明智決定」的意思是根據手邊資訊做出最佳選擇，而大家也只能互信對方並做出最實際的評估。幸運的是，大家都知道在截止日期的限制下，你能照顧到的範圍是有限的。只要專注於最要緊的問題，並盡最大的努力想辦法理解或解決，你就能做出權威的判斷，然後轉向下一項任務。

## 隨工作成長

另一件有幫助的事，是在每個計畫、截止日期或重要階段完成後，向主管或同事尋求回饋。了解自己的優勢和需要改進的地方，是提升工作表現的唯一途徑。謙虛地尋求指導，認真聽取建議，再落實你所聽到的那些建議。

在當了這麼多年的學者後，這件事應該不難。學術人員獲得的回饋總是很嚴厲：研究所本身就已經充滿考驗，但開始投稿論文或專書接受雙盲審查後，情況只會更嚴峻。我們都有在工作上飽受批評的經驗——尤其是那些**負面**批評，它們通常都很**不合理**。就像每個成功的學術人士一樣，你已經練就一身工夫，能從無甚裨益的攻擊中篩選出建設性建議，藉此創造更好的成果。

你們有些人可能會想：「習慣被批評不代表我想要**主動**尋求批評啊。」這樣說是沒錯。但請記得，你尋求的是和每天並肩工作的夥伴面對面交流，而不是雙盲審查。那可能比你以為的更簡單。事實上，學界外的人通常都很有禮貌——而且管理階層所受的訓練是每提出一個負面問題時，要提供兩個正面回饋。

主動尋求批評也會讓你嶄露頭角。在非學術環境裡，很少有人會問自己做**錯**了什麼。很多人自尊脆弱，會不擇手段地避免自己看起來像是犯了錯。表現得積極主動，展現出學習的欲望會讓你與同儕有所區別。此外，這也許會讓那些想要獎勵認真員工的主管留下深刻印象。

然而，在**分享**批評時需要小心謹慎。總有一天會輪到你給予同事回饋，或是在會議中公開評論某個想法。這種時刻來臨時，記得在腦袋裡設定警鈴。學術界訓練你迅速評估各種想法，遇到不好的就要及時拔除。這種反射動作在學術上有好處，但辦公室不是學術環境：它是一個**政治**環境。

一般來說，學界以外的世界比較不能容忍你把一個爛點子解構開來。當團隊正在走入歧途或做風險過高的決策時，你當然應該直言不諱，但必須以富建設性且友善的方式進行。當你指出別人的想法行不通時，請先準備好一個可行的替代方案，或至少一條往這個方向走的路徑。同樣地，不要用公開羞辱的方式提出批評。這會提高未來與那位同事合作的難度；若他們認定你帶有惡意，甚至可能會拒絕你的好點子。

## 談論你的過去

在面對許多新的憂慮時，你可能會好奇該不該、或何時該向客戶和同事透露你的學術背景。除非你在與高等教育相關的行業工作，或被一家小公司聘用為「駐地教授」（the resident professor），不然大多數我訪問過的前學術人員都建議盡可能不要提起博士學位。這裡指的是在電子郵件的簽名檔和名片上都不要提——甚至在領英上也不要。

有許多理由這麼做。有些人可能認為炫耀高等學歷是一種傲慢——一種用來貶低教育程度較低的人的手段。這種詮釋最可能出現在像政府或製造業這種領域。傳統上，這些領域是憑藉年資往上爬，而領導階層可能是在只需高中文憑就能來工作的時代爬上他的職位。不論你對自己的成就有多麼（合理地）自豪，都不值得冒這個令新同事或上司不快的風險。

科技業面對的挑戰則不同。這個圈子自認為極度推崇民主和平等——人們更關心你**現在**做了什麼，而不是你**先前**為學位學過什麼。在這個脈絡下，提及自己的博士學位可能會被認為文不對題，甚至被當成是在以學術資格掩蓋資歷或能力的不足。

不論是哪個領域，你也會遇到對學術抱持懷疑的人。他們可能認為學術太過理論、是虧本投資，或出於政治因素不信任它。無論原因為何，保持沉默能幫你爭取到更多時間來證明自己的實力。等成功建立了牢固的信任和良好的人際關係後，你就能以自己希望的方式來說這件事。如此一來，你給別人的印象就會是有趣，而不是資歷不足。

在目前的工作做滿七個月後，我有機會以一種彷彿是安排好的方式來揭露我的學術經歷。當時，我剛被分配到一個以前合作過的團隊裡。一開始我保持沉默。我只在有疑問時提問；雖然沒有閃躲任何對話，但我也沒有主動透露太多關於自己的細節。

在等待時機的同時，我也觀察團隊如何互動。資深合夥人把會議室的氣氛維持得很輕鬆，不僅對熟悉的人開玩笑，也在被回擊時大笑。每個人都盡力讓工作保持在正軌上：不到兩週，我們的進度就超前了——這也很有幫助。

有天在審查文件時，有人問到某份還沒做完的投影片中的占位文字。⑤團隊開起玩笑說要用拉丁文寫內容。當首席合夥人說他高中學過拉丁文，可以考慮寫來玩玩看時，我逮住機會，說：「如果你是認真的，只要給我幾個小時，我就可以寫好。」他困惑地要我解釋。直到那時，我才讓他們知道我的過去：我的上一份工作是教授拉丁文學和羅馬史。

團隊覺得這個插曲很有趣，而且很高興終於知道為什麼我跟別的顧問有不同的工作習慣。很快地，「用拉丁文寫」變成我們這個團隊裡的笑哏。那一刻，我確知自己已經成為他們的一分子了——而且不是靠冒充混進來的。

## 維護舊關係

在新身分中感到舒適是很棒的感覺，但身為前學術人士，你還要面對最後一個挑戰：如何維持與過去生活的聯繫。

按照每個人不同的個性、經歷和長期目標，大家找到的答案一定各不相同。你們有些人可能會想要完全與學術經歷斷個乾淨。只要能解釋學位在資歷上占去的時間，這種方法可能很適合你——甚至讓你更容易適應新生活。我個人不會選擇這條路，但我認識（或者說曾經知道）一個這麼做的人。從領英上看，他似乎過得很快樂也很成功。

若你對自己的學科仍有感情，你的挑戰在於為理想生活找出適合的活動類型和平衡點。也許你會參加會議、撰寫文章，或者你會想用新的方式參與其中，例如經

⑤ 譯注：投影片內對空白欄位預填的文字，例如在蘋果系統裡，最知名的占位文字是lorem ipsum。

營部落格、教授夜間課程，甚至是帶領一個與你的學術領域有關的讀書俱樂部。

有時候，新舊之間的界線並不明顯。蘿拉・安斯列（Laura Ansley）在威廉與瑪麗學院（William & Mary）讀研究所時加入了歷史部落格「孕育克萊奧」（Nursing Clio）團隊，在其中擔任作者和編輯。這項工作起初只是副業，但追蹤郵件、發送提醒和確保大家按時交稿等事務讓她成為了出色的專案經理。這段經歷對她獲得離開學界後的第一份工作非常重要——她後來進入美國土木工程學會（American Society of Civil Engineers）擔任製作編輯。

「孕育克萊奧」在蘿拉的生活中仍然占有重要地位。過去四年，她一直協助部落格茁壯成長，且現在以管理編輯的身分領導著一個十六人的團隊。簡言之，這個部落格不僅讓她得以離開學界；它還讓她能繼續和自己熱愛的領域保持連結。

至少對我來說，我以普通人的身分從古典學中獲得的喜悅，比身為專業學者時還要多。如今，我只需關注古典世界中那些我覺得有趣又有意義的部分就好。我可以在不過度思考的情況下欣賞拉丁詩歌中的笑點，或援用羅馬史中的軼事來闡述觀點，卻不必執著於*Quellenforschung*（來源研究）。老實說，我很高興能和各位報告：過去四年裡，我再也沒有花費力氣閱讀任何一篇德文學術文章。

## 豐盛收穫

那麼，離開學界後的生活又有哪些好處呢？正如我在本書開頭所說，每個轉換跑道的人都該弄清楚自己的生活目標，並追求能實現這些目標的工作。依你優先考慮的事項而定，你可能會達到理想結果，也可能不會。運氣總是會有一定的影響。

話雖如此，絕大多數致力在學界外就業的人都對這個決定感到滿意。[2] 許多人談到不必每個夏天都搬家、擁有穩定的健康保險，以及薪水付得起帳單外還能儲蓄的輕鬆感。對我來說，轉去做非學術界的工作，意思是我和妻子可以開始組建家庭。對邁克．齊姆來說，這讓他有機會加速自己的職涯發展；才離開歷史學領域不到三年，他就從頭建立起一個行銷部門。克里斯蒂．洛奇不僅以俄勒岡大學隆德奎斯特商學院的顧問身分幫助別人找到滿意的職業，還透過她創立的公司幫助人文學科博士平安度過轉職期的不確定感。

我們之中的許多人也很高興擺脫了高教界中絕對有害的一面。在這裡，我指的是勞動市場及其濫用勞動力的做法；系內的誇張戲碼、學術鬥爭和啟人疑竇的關係；那些顧問、主任和「才華橫溢」的學者濫用職務之便的行為，以及學界上上下下對他們的容忍。象牙塔外的世界遠非完美，但至少在發現這些行為後，大家不會假裝這些都是正常的，也不會統統掃到地毯下面，眼不見為淨。

也有一些個人層面的好處。我一直以為，我最好的朋友會是那些和我愛上同一批學術材料的人。但當了十年的專業古典學者，我在那個世界收穫的深厚友誼並不多，只用一隻手就數得出來。我在目前工作的公司遇到的人比我想像的更外向、風趣和友善。工作兩年後，我的親密好友數量成長到兩打。

擁有視我的成長為優先考量的雇主，也實在令人感到解脫。在學術界，我是唯一要對自己的職涯發展負責的人。如今，我從培訓課程、輔導計畫和定期的工作討論中受益良多。每一週，我都有機會磨練舊技能，或學習新技術——並且有一群人會主動幫我和能夠協助我成長的計畫牽線，讓我持續培養自己的專業和領導能力。這種全面性的支持系統固然是因為我的公司規模較大、範圍含括全球，但這本書訪問到的其他前學者也表示，他們在高等教育體制外找到了更友善的工作環境。

享有這些好處並不代表我們對過去毫無顧念。大維．恩格爾仍然懷念他從教學中獲得的快樂。也有些人希望能在沒有截止日期或預算限制的情況下討論棘手的問題。不管新職涯讓人多麼開心，總會有些事物讓你覺得失去了很遺憾。但這邊的草地確實更綠，至少對我們這些在翻過學界的圍籬前仔細思考過落地方向的人來說，的確如此。

## 展望

若我在這本書中有善盡己責，那你現在應該已對轉職的事件視界外的風景有所了解。不論這條路要花你幾個月還是幾年，你都已經準備好要去找一份能滿足抱負的工作，也知道該如何適應新環境了。

等你在新工作穩定下來後，要保持實際的態度。你不必在那個職位上一輩子，事實上大多數人都不會。相反地，我們將其視作墊腳石，藉著它去學習新技能、探索新行業，也用它探索學術生涯結束後對自己理想中工作類型的新想法。

擁抱這個現實，把它轉化成你的優勢。若你的第一份工作並非所願，就繼續成長並尋找新機會。就算你喜歡自己所接下的工作，也要定期測試水溫，看看有沒有你可能會更享受其中的工作、更高的薪水，或更符合人生不斷演變的需求和願望的機會。轉出學術界永遠是最困難的一步。隨後的職業變動會容易得多——且通常回報也大得多。

## 最後的請求

我將以一項請求來結束這本書。等你結束這段職涯轉換的過程，你就會成為一個活生生的例子——證明一個在你的領域擁有博士學位的人，能夠在「真實世界」中做到些什麼。這個事實讓你站到了前線，成為有辦法改變大眾對高學位人士的特定觀點的人。

只要有機會，就請支持那些最終走上意外之路的其他學者。若有人請你進行資訊訪談，抽出時間給他。若他們在找新的聯絡人，把你的聯絡人介紹給他，也教教他怎麼建立人脈。這些工作有時超過了舉手之勞，有時正是你累了一整天之後最不情願做的事。但我深信一件事：在你努力轉換跑道時，你獲得的指導、幫助和支持一定遠超過你的想像。一旦成功轉型，我希望你能和我一起將這份善意傳遞下去。

## 行動項目

1. 好好慶祝吧！這不是人生某一章的結尾——是**你**即將開始寫的新一章。
2. 寫信給你的聯絡人，向他們分享好消息，感謝他們一路上鼎力相助。
3. 新工作開工第一天結束後，更新你的領英檔案，這樣其他學界人士不僅能看見你的新動態，也能更容易聯絡到你。

# 致謝

一直到二〇一八年一月，我才想到可以把自己的經歷轉化成個人報告和實用指南，提供那些考慮離開高教界的人參考。當時我離開學術界才四個月，學術以外的世界對我而言仍然非常新。然而，我的朋友 Mali 和 Raf 卻看出部落格的潛力，鼓勵我改寫成更長的作品。我首先要感謝他們：沒有他們的鼓勵，我永遠不會開始這項計畫。

我也要感謝那些在我擴展和修訂初稿時採訪的前學術人。他們不僅把時間給了我，還願意讓我將他們的故事與我的一起講述。我想對 Chela White-Ramsey、Chris Papadopoulos、David Engel、David Stevens、Kristi Lodge、Laura Ansley、Liz Segran、Patricia Soler、Susanne Cohen、Vay Cao 和一位保持匿名的人類學家說聲：

謝謝你們！對比了前後版本，我確知你們讓這本書增色，讓它對那些正在經歷轉變的人來說更有用了。

在這群人中，我尤其感謝 Mike Zimm。除了將故事借給我，他在我的轉職期間和新工作適應期間一直是我堅定的朋友、支持者和顧問。

Dan Porterfield 是我第一個與之談及離開學術界這件事的人。他的建議和鼓勵讓我能夠在毫無頭緒的情況下仍勇敢上路。他也允許我在第三章的開頭分享那次對話的細節，並在本書即將定稿出版時提供更多的指導。

我在二〇一五年悄悄探索其他領域時，Susann Lusnia 幫助我和紐奧良的杜蘭大學和洛約拉大學（Loyola University）的行政人員取得聯繫——這些會議是我進行資訊訪談和建立人脈的第一次嘗試。

Andrew Foley 向我展示了學者們如何在商業環境中獲得智識上的滿足，並允許我分享我們相遇的故事。

我的編輯 Peter Dougherty 提供諸多協助，讓我將二〇一九年一月交到他桌上的那份簡短粗糙的手稿轉化成更認真、更有力量的指南書。在每一件事上他都非常仔細、耐心，總是熱切協助我。最重要的是，我想感謝他讓我實現了一個我以為在離開學界後就遙不可及的成就：與一所大學出版社合作出版一本書。

二〇一八年，John Paulas 為古典學研究學會的年會籌辦了一場非學術業的交流活動。那次活動是我第一次針對學術轉職給予他人建議。John 後來將我介紹給一些我在修訂這本書時採訪的專業人士，並同意（一開始是祕密地）當審稿人之一。他提出了敏銳的建議，尤其是在找出最佳行動方案方面——這是我一開始忽略的。

即便 Lenny Cassuto 沒有偷偷在本書的初稿評論裡寫上自己的名字，藉此表達他對「雙盲」審查制度的反對，只稱呼他為「第二位讀者」也遠遠低估了他的貢獻。他是真正的批評家：他洞察出語氣、意義和論點裡的不協調或矛盾，並用清晰、有建設性的方式表達出來，使我得以修正。他為我的兩份手稿投入大量時間，使我至感榮幸。尤其謝謝他在二〇一九年九月提供的詳盡手寫筆記，使我能改進自己的散文風格。我可以毫不誇張地說，若沒有他的鼎力相助，這本書會遜色非常多。他的誠懇、認真和慷慨在本書的每一頁都留下印記——並提醒著我，最棒的學術交流是什麼模樣。

Ariane Schwartz 已成了我信賴的朋友和顧問，雖然諷刺的是，這是在我們都離開古典學領域、轉向顧問業之後。我要感謝她對我的第二稿的回饋，以及二〇二〇年一月我們為推廣研究生多元就業而舉辦的演講上，她所展現的專業知識。

Chris Humphrey 和 Jen Polk 幫助我擴大了本書在美國以外的市場的吸引力，指出我在思考或措辭上過於美國化的地方。

Adam McCune、Coleman Connelly 和 Jon MacLellan 在他們自己的轉職期間親身「試用」了我的建議，並提供了回饋。

Donna Zuckerberg 在整本書的執行過程中給予了巨大的支持。每當我遇到障礙，她都自願提供編輯建議，也提點我如何規畫這本書的上市策略。更重要的是，從我們還在研究所時，她的友誼就一直是我最珍視的禮物。

我還要感謝我在紐奧良以及其他地方遇到的許多人，他們在我轉換跑道的過程中幫助了我。除了人脈網絡外，還有許多人使我得以成就此書。這些人的建議如此廣泛地滲透了整本書，因此我無法一一表達謝意。

我父母從未質疑我為何要進入學術界。我決定離開時，他們也沒有。在我人生的兩個階段，他們都提供了愛與支持——並且耐心聆聽我分享疑慮、興奮和恐懼。自從我有了自己的兒子後，我才開始真正理解和感謝這份耐心。

我最深的感激歸於妻子 Mallory。在轉換跑道最黑暗的日子裡，她始終與我並肩同行，也耐心聽我不斷討論下一步該怎麼做——這已超出了她本應承受的範圍。當我找到一份每年需花三分之一時間出差的工作時，她也適應了這種全新的生活模式。這本書開始動工後，她忍耐著我在寫作高峰期的全神貫注，並在我猶豫不決時鼓勵我。她能提供這樣的支持已是難能可貴，更別提這段期間她也經歷懷孕、我們兒子 Caleb 的嬰兒期、她在杜蘭大學的職涯發展，以及成功創立了 Kallion 這間非營利組織——其旨在透過人文學科提升領導的技能。有她作為生活的核心，我的生活在無數方面變得更美好。我將這本書獻給她，以表達我深深的感激之情。

# 注釋

## 第一章

1. Lenny Cassuto, *The Graduate School Mess* (2015)，這本書對此情況提供了詳細的評估，以及教職員和管理者如何應對的建議。我自己的書則為受到「這場混亂」影響的人提供了更直接的幫助。

2. 這是我自己計算的，因此並不完美（詳情請見6）。Lenny Cassuto (2015) 指出，「有關整體博士學術就業的數據太貧乏，因此無法支持以數據為基礎的圖表」（第一九〇頁）；即便如此，他最近提供了一個估計，僅略微比我的樂觀一些：「每八名進入人文學科博士課程的學生中，大約有四人不會完成學業……根據統計，在完成的四人中，有兩人最終會獲得全職教學工作。不到一人會在研究型大學獲得全職教學工作」（引自 Emma Pettit, "Columbia Had Little Success Placing English Ph.D.s on the Tenure Track. 'Alarm' Followed, and the University Responded," *Chronicle of Higher Education*, August 21, 2019: https://www.chronicle.com/article/Columbia-Had-Little-Success/246989）。

3. L. Maren Wood, "Odds Are, Your Doctorate Will Not Prepare You for a Profession outside Academe," *Chronicle of Higher Education*, July 9, 2019: https://www.chronicle.com/article/Odds-Are-Your-Doctorate-Will/246613

4. 在二〇一八年，美國大學協會（American Association of Universities ，簡稱 AAU）啟動了博士教育倡議，旨在「藉著讓多樣化的博士就業途徑可見、有價值且可行，促進AAU大學實行更以學生為中心的博士教育。」二〇一九年有八所機構試行了這項計畫，但在本書出版時，關於計畫的統計結果尚未出爐。

5. 在整本書中，我將這些族群交替提及，這是出於詞彙多樣性的考量，而非我對它們之間的差異不了解。我也預期有部分讀者會是致力於教職的成員，他們會希望為自己的學生提供更好的建議。

6. 我不得不引用多個與高等教育有關的統計研究來得出這個數字。考慮到它們在時間框架和學科分類方式上的細微差異，我的計算只能視作一種大致的估計。具體而言，我基於以下數據進行了乘法運算：

百分之四十三的人文學科博士生實際上完成了學位（National Academies of Science, Engineering, and Medicine. 2011. "Data-Based Assessment of Research-Doctorate Programs in the United States"）。

二〇一五年，就業中的人文學科博士有百分之五十六在高等教育界進行教學（Humanities Indicators. 2018. "Indicator III-7a"）。

二〇一八年，百分之二十七的的教職工作是終身職位或者朝獲得終身職資格發展（American Association of University Professors. 2018. "Data Snapshot: Contingent Faculty in US Higher Ed"）。

二〇一七年，百分之十九的歷史學博士在頂尖等級的研究型機構工作（American Historical Association. 2018. "Where Historians Work"）。

7. 有關這些趨勢的更詳細討論，以及有關女性和少數族裔尤其因此受害的其他見解，請參閱 Joseph Fruscione and Kelly Baker's 2018 book, *Succeeding Outside the Academy* 中的導論。

8. Ken Jacobs, Ian Perry, and Jenifer MacGillvary, "The High Public Cost of Low Wages: Poverty-Level Wages Cost U.S. Taxpayers $152.8 Billion Each Year in Public Support for Working Families" (research brief, 2015): http://laborcenter.berkeley.edu/pdf/2015/the-high-public-cost-of-low-wages.pdf

9. American Association of University Professors. 2018. "Data Snapshot: Contingent Faculty in US Higher Ed."

10. Adam Harris, “The Death of an Adjunct,” *The Atlantic*, April 8, 2015: https:// www.theatlantic.com/education/archive/2019/04/adjunct-professors-higher-education-thea-hunter/586168/

11. Michael Zimm, “From Homer to High Tech,” Chronicle of Higher Education, January 23, 2017: https://www.chronicle.com/article/From-Homer-to-High-Tech/238982

12. 我應該在此聲明：至今，我還沒有讀過或創造出一個我真正喜歡的術語來形容前學者。

13. 我與其中的許多組織有所聯繫。我曾經為 Beyond the Professoriate 寫過一篇部落格客座文章，內容是關於如何讓生活和職涯目標重合，而該組織的聯合創始人 Jen Polk 曾閱讀過本書的草稿。在本書寫作過程中，我訪談過 IncipitCareers 的克里斯蒂．洛奇（Kristi Lodge），和 Free the PhD 的 Vania Cao。PhD Matters 的 John Paulas 是我書籍的讀者之一，他還主持了一個在古典學研究學會年會上的交流活動，我自年會成立以來一直有參加。Jobs on Toast 的 Chris Humphrey 曾建議我如何微調建議，使其對英國受眾更具參考價值。

14. Joyce B. Main, Sarah Prenovitz, and Ronald G. Ehrenberg, “In Pursuit of a Tenure-Track Faculty Position: Career Progression and Satisfaction of Humanities and Social Sciences Doctorates” (working paper, 2018): https://www.ilr.cornell.edu/sites/default/files/CHERI%20WP180.pdf。也請見 Colleen Flaherty’s report on the working paper for *Inside Higher Ed*, December 18, 2017: https://www.insidehighered.com/news/2017/12/18/study-humanities-and-social-science-phds-working-outside-academe-are-happier-their

15.「幻燈片簡報」或「簡報」是非學術詞彙，指的是投影片。

## 第二章

1. 事實證明，這並不完全正確。有些學者確實會放棄終身聘用，無論是為了避開不理想的情況，或是為了追求不同的職涯。但在許多圈子中，這個選擇仍然是禁忌；因此，那些在獲得終身聘用後繼續留在高等教育界的人往往保持緘默。這就是為什麼從我們的角度來看，情況顯得如此糟糕：我們只認識學術人士，因此「拒絕終身聘用工作」這條路看似杳無人跡。

2. 古代哲學領域的一個巨大諷刺，就是幾乎每個說自己對金錢不屑一顧的思想家都生活在菁英階層的舒適環境中。

3. 南沙經典社群是一個教育性非營利組織，旨在透過與希臘－羅馬、猶太－基督與和非裔美洲文學來傳授道德想像力和文化知識。我目前在其董事會任職。

4. 美國以外的讀者可能會感到困惑。Cookout 是指戶外烤肉，roller derby 是一種穿著直排輪溜冰鞋進行的碰撞型女子運動，homebrew 是指一種在家中釀造大量啤酒的愛好，既供個人飲用，也供滿心懷疑的朋友和家人飲用。

5. Nandini Pandey 於二〇一九年的文章 “Not Bringing Home a Baby” 優美又令人心碎地描寫了她在追求學術發展的同時努力求子的過程：https://eidolon.pub/not-bringing-home-a-baby-b6dc15a3701

## 第三章

1. 或可考慮從本書〈發展期〉中的「為新活動騰出時間」那一小節開始。

2. 這些文件通常被稱為「白皮書」、「卓越」或「思想領導力」。此類出版物的例子包括 *Deloitte Insights*, *Jane's Defence Weekly*, *McKinsey Quarterly* 和 *World Policy Journal*。

## 第四章

1. Adam Ruben, “When Ph.D. Stands for Problematic Hiring Detriment,” *Science*, January 23, 2019: https://www.sciencemag.org/careers/2019/01/when-phd-stands-problematic-hiring-detriment

2. Isaiah Hankel, “Why Employers Prefer PhD Job Candidates,” LinkedIn Pulse, November 12, 2018: https://

www.linkedin.com/pulse/why-phds-misunderstood-feared-isaiah-hankel-ph-d-/

3. Katina Rogers, "Humanities Unbound: Supporting Careers and Scholarship beyond the Tenure Track," *Digital Humanities Quarterly* 15.1 (2015): http://www.digitalhumanities.org/dhq/vol/9/1/000198/000198.html

4. 履歷範本的資源百百種，但 Basalla and Debelius (2015), *So What Are You Going to Do with That* 中的範例尤其出色。

5. 要自行找出這個數字，請將你學校每年的學費定價（不包括食宿費）除以學生一年修的課程數，然後再乘以你所教授的學生人數。

6. Rogers (2015) 29ff. 描述了擁有高等學位的員工和他們的雇主認為「替代學術」專業人士需要進一步培訓的領域。根據她的觀察，「專案管理」是學者應該謹慎評估以避免誇大其詞的一項技能。

7. 想對該現象有更完整及幽默的理解，請見 Molly Young, "Garbage Language: Why Do Corporations Speak the Way They Do?," *Vulture*, February 20, 2020: https://www.vulture.com/2020/02/spread-of-corporate-speak.html

## 第五章

1. 格式刷將複製所選定文字的格式，並讓你將其「塗抹」到其他文字上，而不必手動更改。Shift-F3 可在所有小寫、大寫標題、句首大寫和全大寫之間切換所選定的文字。自定義樣式可讓你自動格式化正文、標題、副標題和插入引用等文本。

2. 這個數字並未誇張。在二〇一九年，全球領先的顧問公司揭露了以下的全球總員工數：Accenture：四十五萬九千人；IBM：三十七萬八千人；Deloitte：三十一萬二千人；Cognizant：二十八萬一千人；Ernst & Young (EY)：二十七萬人；PricewaterhouseCoopers (PwC)：二十五萬一千人；

Capgemini：二十一萬一千人。

3. Lou Adler, "New Study Reveals 85% of All Jobs Are Filled via Networking,"*LinkedInPulse*, February 29, 2016: https://www.linkedin.com/pulse/new-survey-reveals-85-all-jobs-filled-via-networking-lou-adler

**第六章**

1. 若你對此不熟悉，它們代表著以下含義：「負責、可靠、已諮詢、知情度」（描述不同利益關係人在大型專案的詳細任務列表中的參與程度）、「關鍵績效指標」、「工作聲明」和「保密協議」。

2. 根據 Main, Prenovitz, and Ehrenberg（2018），擁有高等學位並在非營利或營利部門工作的人，在每個類別中的工作滿意度都比在具有或不具有終身職位上的人更高（表格四）。